New Terror, New Wars

政治哲学丛书　　万俊人　主编

新恐怖与新战争

【英】保罗·吉尔伯特（Paul Gilbert）● 著

王易　傅强　刘鑫铭● 译

中国人民大学出版社
· 北京 ·

政治哲学丛书编委会

主编：万俊人

编委（按中文姓氏笔画或英文姓氏字母顺序排名）

总序

我们为何需要政治哲学？

万俊人

　　摆在您面前的是我和道友们一起努力推出的"政治哲学丛书"。如果您步入书店选购书籍的目的不仅是为了获取某种专门的知识信息，而且还想通过语言、图画或符号的阅读，进入我们共同的生活世界，那么，很可能这套丛书会或多或少地满足您的心愿。我们和出版社共同编辑出版这套丛书的惟一愿望，正在于使读者在获取政治哲学之前沿学科知识的同时，也能够获取一些有关我们这个世界的生活信息，尤其是那些关乎我们社会生活之重大问题的政治信息，虽然我们努力的结果也许并不一定全部达成了我们的初衷。

一

　　在当今国内林林总总的"丛书"中，以"政治哲学"命名者似乎少见。而且，在我国现行的高等教育之学科体制的设置中，"政治哲学"一直都没有取得合法的学科名分：在"政治学"一级学科的名目下没有"政治哲学"，在"哲学"一级学科（甚至是学科门类）的名目下，同样没有"政治哲学"，尽管从事这两门学科教学和研究的师生们很早就或多或少地（而且，近年来则越来越充分地）意识到，这一学科设置的缺陷有可能甚或实际上既大大减弱了我国哲学研究的现实关切能力和参与能力，也降低了我们的政治学研究和教学的理论水平。然而，无论是政治学还是哲学，从来都不可能省略政治哲学的现实关切而超然于社会政治生活之外，也无法逃避对社会政治问题的哲学追问。

作为古希腊文明的两大最伟大的文化发明——即关乎高尚灵魂和精神的哲学与关乎健壮体魄和肉体的奥林匹克运动会——之一，哲学自她诞生之初起便将社会政治生活（城邦—国家）作为其最重要的辩证与反思课题：关于人类外部世界的惊异和探究同关于人类自身生活世界的困惑和探究，同样都是考验人类"爱智"（即"哲学"，"philosophia"）能量和求智意义的基本考题。作为西方第一位"百科全书式的学者"，伟大的哲学家亚里士多德在开始对人类知识的学科分类时，便明确地划分和界定了"哲学"的知识谱系，其中，政治与伦理成为两个研究人类之善的基本哲学分支，分别探究人类社会（城邦—国家）的政治大善与人类个体美德的小善。进至中世纪，政教合一，神道一统，"上帝之城"虽然高居"世俗之城"之上，然而，上帝制定的"自然法则"和"自然秩序"既是"上帝之城"的神圣制序，也是"世俗之城"的必然秩序，它上承天意，下辖芸芸众生。近代启蒙运动变革世界和创新人道观念的诉求，直接指向了社会基本结构和政治制度的根本转变，政治与革命便一度成为哲学的中心主题：无论是近代社会契约论者还是非（反）社会契约论者，无论是启蒙思想家还是以其他名义思考的思想家，尽管他们各自的思想理路与政治目标相互见异，但对现代国家民主政治的理论吁求和哲学反思却不约而同：自由民主成为新的政治理念和理想，并被赋予各种不同的哲学证明。

我国传统文化虽以道德伦理见长，然而，无论是先秦诸子百家

还是其后历代诸学的流衍和发展，从来都未曾轻视和忽略国家政治
生活的大道，儒家标示的"八目"更是把对外部世界的认知把握与
人类内在世界的体认修养相互融贯，最终指向"治国平天下"的
"政"（正）"治"目标。"格物"在"致知"，"正心"在"诚意"，
"治国"在最终实现"天下平"的伟大志向。尽管人们对于"政治
儒家"的论理言路与实践方式仍心存余悸，且对儒家之"道德政治
化"或"政治道德化"的基本主张多持批评态度，但儒家乃至整个
中国传统文化对国家政治的持续而强烈的关切姿态和丰富的理论探
究成果，仍然值得我们尊重。我们的先贤们运用他们独特的理智和
经验建构了"中国特色"的中国政治哲学范式。

　　或可说，政治与哲学从来就自然而必然地相互交织着，构成了
人类反思自我生活世界中政治社会的重要向度和智慧结晶，只是到
了现代，由于人们对社会政治的公共结构转型和哲学自身过度的现
代认知主义诉求，才使得政治与哲学的原始关联发生动摇和改变，
以至于政治哲学在现代性的哲学语境中成为一个有所存疑的概念。
著名西方现代政治哲学（史）家列奥·斯特劳斯在其《什么是政治
哲学？》和《现代性的三次浪潮》两文中先后指正并提醒人们深刻
地反省西方政治哲学的衰败历程：自文艺复兴时期意大利政治思想
家马基雅维利的"权力（术）政治学"开始，西方政治哲学经历了
三次"现代性思潮"的连续冲击：马基雅维利把人类对政治主题的
哲学追问变成了一种地地道道的追逐政治权力的势力游戏，甚至是
纯粹的玩弄政治权术的竞争技巧；18 世纪的卢梭一面高喊着自由和
人权，一面却又呼求强大的"社会公意"的政治集权，结果使政治
的哲学言说蜕变为了一种浪漫主义政治与理想主义道德的混杂物；
而 19 世纪末期的尼采似乎真的成了西方经典政治哲学的末日，"权
力意志"或"强力意志"成了人类政治与道德的惟一目标。如果我
们再仔细审查一下这一思想演进过程中曾经出现的霍布斯的"自然
权利政治学"和洛克的"财产政治学"，那么就更容易看出，由柏

拉图、亚里士多德所奠立的古典政治哲学模式实际上已然被权力或权力技术、财富、力量和个人主义的政治意愿等非道德的政治关切所消解，其间最为关键也最为要害的问题正在于，近代以降的西方政治家、政治思想家和法学家们越来越相信并最终皈依了这样一种"现代性"的理念："把恺撒的还给恺撒，把耶稣的还给耶稣。"换句话说，现代人最终似乎成功地将政治与道德隔离开来，朝着所谓"政治中立"或"无道德的政治"义无反顾地前进着，仿佛在不断接近现代人所坚信不疑的进步主义理想目的。然而，正是这种单向度的政治思维最终断送了政治哲学本身，使其在现代政治思想语境中不再可能，也难以可能。

也许，我们不应完全听信斯特劳斯对"现代性思潮"的政治哲学史反思，更不必全盘接受他关于政治哲学已无可能的理论诊断，但我们的确需要重新思考一些如下问题：究竟何谓政治哲学？我们需要何种政治哲学？我们为何需要政治哲学？由于前所备述的我国哲学学科之高等教育体制设置的政治哲学缺席，尤其是面临建设社会主义"政治文明"这一当代使命，中国当代哲学以至当代整个中国政治社会对这些问题的解答，很可能显得格外紧迫和突出，其知识价值和实践意义当然也就更加重大。

二

仍然按照斯特劳斯的解释，所谓政治哲学，既不同于"政治学"本身，也不同于诸如"政治理论"、"公共行政管理科学"一类，因为它不是关于"政治事务"和"政治治理技术"的研究，而是关于"政治事务之本性"的研究，因而它不可避免地要涉及有关政治之善恶好坏，政治行为之正当与否，政治理念（理想）之高尚与卑劣，以及国家政治之终极理想和至善目的的价值学暨形上学研究。这也就是说，政治哲学不仅要追问政治事务本身的技术合理性和政治合法性问题，还要追问政治事务——包括政治行为，尤其是政治家的行为——的政治合目的性和道德正当性等深层的政治伦理意味。再进一步用哲学的话语来说，政治哲学关于人类政治社会的一切事务和行为的理论追问是没有限定的。因为哲学研究的目的并不为了占有真理，也从不宣称自己拥有真理，而只是且永远是为了追寻真理。在哲学的视野里，没有终极真理。因此苏格拉底才会说，哲学家的品格是，他永远"自知其无知"，永远处在无穷的追问和求知过程之中。

　　然而，哲学对人类政治事务的无穷追问和考究，并不意味着政治哲学必定要偏向于某种政治乌托邦而超脱于社会政治生活的现实情景，而仅仅意味着这样一种基本的理论姿态和思想方法：在政治哲学的视阈中，一切政治现实——无论是既有的政治理念，还是既定的政治制度系统，抑或是现行的政治实践——都是有待人类自身不断进行理性反省和批评改进的，都开放地面对一切合乎理性的政治批评和哲学追问，因而它所关切的就远不止是政治事务的"现实合理性"，政治行为和政治制度建构的技术合理性，更重要的是政治目的或目标的道德正当性和政治完善意义。这正是为什么完善主义和政治伦理意义上的理想主义始终是政治哲学的一个不可省略的理论向度之内在缘由所在。

　　政治哲学的这一理论定位，决定了它不得不把自身关注的理论重点放在那些隐藏在政治事务之中、政治事务背后和政治事务之未来理想的"隐性"的或者是潜在的重大问题的探究之上。诸如，人类为什么要缔结不同样式的社会？为什么他们会组成不同类型或性质的国家？人们据以组建政治社会或国家的基本原则是什么？人类社会为什么会出现不尽相同的政治政体和政治生活方式？民主作为一种人类共同向往的政治生活目标为什么会因自然环境和社会、历史、文化甚至社会心理条件的不同而呈现出各种不同、甚至相反的观念理解和实践模式？为什么人们对国家政治、政府和政治家们的政治期待不仅仅是政治治理的技术合理性和行政效率，而且还有政治治理的目的正当性、政治制序的公平正义和"道德的政治家"（康德语）？为什么人类始终不能放弃对诸如美好社会的向往和更高期待，即使无数严峻而残酷的政治挫折，乃至政治失败使得人类的政治乌托邦追逐遭受一次又一次的沉重打击？现代民主究竟是多元的还是一律的？或者说，是否存在某种普世有效的现代民主模式？如此等等，不一而足。

　　迄今为止，人们对上述这些问题的解答各种各样，始终未有归宗，即使是在同一个国家或地区处在相同时代背景下的政治哲学家们，也难以达成哪怕是基本一致的理论结论。近代以来，欧美世界一直引领着——在某种意义上或者在某一特殊历史阶段，甚至是宰制着——我们这个世界的现代化进程，包括现代市场经济、政治民主、科学技术和世俗文化的发展进程，这一点似乎毋庸讳言。然而，自17世纪中叶英国率先跨入工业革命和有限民主政治的现代化社会进程以来，从来就没有出现过单一的政治哲学模式一统天下的局面，尽管自由主义作为一种资本主义的意识形态逐渐占据着整个西方社会的主导观念地位。所谓"新的"或"老的"自由主义，所谓"激进的"或"保守的"保守主义，所谓"开明的"或"保守的"共和主义，以及形形色色的"无政府主义"、"极权主义"、"社群主义"，有如一部历史连续剧中的不同角色，"你方唱罢我登场"，"各领风骚三五年"，或声调高亢如急风暴雨，或娓娓道来如行云流水；或独白如君临天下，或旁白如插科打诨；或针锋相对如对簿公堂，或随声附和如百鸟齐鸣……这"百花齐放、百家争鸣"的思想景观提示着我们：如同人类社会文明的沃土孕育了多种多样的政治生活形态一样，人类不同的政治生活经验和政治智慧也催生了多种多样的政治哲学！

民主被看做是人类政治生活的共同期待和最高理想。可是，在共同的政治期待和政治理想追求中，无论是人们的经验直觉还是不断深入的政治反思，都昭示出一个严肃的政治哲学问题：民主作为一种政治理念或者作为一种政治实践，都不具有终极真理的意义，绝对不是一种"放之四海而皆准，俟之万世而不变"的政治真理或政治"制式"。所谓"多数人的民主"或"一人一票"；所谓"间接民主"或"直接民主"；所谓"代议制"或"政党制"；所谓"简单民主"或"复杂民主"等等，一切似乎都印证了一个朴素而显见的道理：民主不应是一种政治制度或政治体制的统一标签，而只能被视为一种政治精神或者一种政治理念。民主政治决不只是意味着某一种社会政治制度，甚至是某一种政体形式，它更多地意味着一种政治理想：政治主权在民！一切权力属于人民！因此，理解和实践民主政治的关键，不是简单地架构、仿制、输出甚至强加某种政治制度或政治体制，而是把握和坚持人民为本、主权在民的根本政治原则。

由是观之，一旦我们真正理解了"何谓政治哲学"，"我们需要何种政治哲学"的解答也就自然而然了。却原来，"我们需要何种政治哲学"同我们实际的政治生活条件和具体的政治实践环境是相互关联的：在根本上说，后者实际上预定了我们需要并可以选择"何种政治哲学"的界限和可能。我们对政治哲学的需要是"内生的"而非外部启蒙或外在赋予的，因而我们对"何种政治哲学"的选择也必定是内在主体性的而非外在施加的或外部启蒙的。在开放的现代世界里，学习他者，包括学习各国各地区的政治经验和政治智慧，学习各种睿智有益的政治哲学思想，不仅重要，而且必须！因为当我们不得不选择并决然摆脱传统政治社会、坚定地迈向现代民主政治时，我们也就置身于了一个开放多元、互竞互动的大千世界，孤独自闭终将导致自我被抛乃至自我消亡的恶果，更何况作为一个后起的发展中国家，我们比任何时候、任何竞争伙伴都更需要向他者学习！然而，学习作为学习者的美德首先且根本上在于创造性地学习，而非简单模仿。创造性的学习前提必定依赖、也只能依赖于作为学习主体的学习者自身，尤其是其自身独特的政治实践经验和政治智慧。

<h1 style="text-align:center">三</h1>

最后，我们来简单地谈谈"我们为何需要政治哲学"的问题。这个问题之所以重要，主要是因为它本身涉及一个需要我们特别关注和思考的"现代性"问题，即当代德国著名的哲学家和社会批评理论的杰出代表哈贝马斯所谓的"现代社会结构的公共转型"问题，用政治哲学的话语来说，也就是阿伦特所说的"复兴政治的公共性"问题。

早在古希腊时代，亚里士多德就曾经指出，政治哲学关乎"城邦国家"的"至善"，作为政治实体的"城邦国家"是所有形式的社会共同体中最大也是最重要的政治共同体，正如"城邦国家"高于个人和各种形式的社会共同体一样，"城邦国家"的"至善"也高于个体美德之善。这实际上已然揭示了国家的政治公共性和价值（"至善"）首要性。然则，在传统社会和古典政治哲学中，国家的政治公共性与公民个体的美德私人性之间并没有严格明确的分界，社会生活的公共领域与私人生活领域之间也没有被严格地划分开来，即使在近代早期，在公与私、国家与个人、政治与道德之间，也仍然保留着千丝万缕的联系而未见明确的分界。只是到了现代，所谓"公共生活领域"与"私人生活领域"的分界才逐渐变得明朗起来，而迨至今日，公私领域的分界则越来越被人们看做是不可逾越的"防火墙"，甚至成为了——至少是在现代自由主义政治哲学家的视野里——政治与道德分离的根本原因或者必然结果。

作为原因，公共生活领域与私人生活领域的分离被视为现代民主政治的进步标志，其基本的政治要求是自由人权与公正平等，而无论是自由人权还是公正平等，最根本的政治基础都只能是基于社会基本政治制度建构和安排的基本政治权利与政治义务的公正分配和政治保护，而不再关乎个人的道德伦理品格——"道德应得"（moral desert）不能成为基本的政治考量，相反，一种公平的政治制度安排（分配）和社会公共治理（政府）恰恰需要尽量减少甚至完全摆脱诸如个人道德伦理、宗教信仰、人格心理等非"公共理性"因素的干扰。这就是所谓"把恺撒的还给恺撒，把耶稣的还给耶稣"的根本含义。作为结果，政治与道德的分离被看做是公私两个生活领域明确分界的必然产物：道德只是纯粹的私人事务，政治则关乎公共大事，两者不可混淆，更不能相互替代。

在西方现代民主政治的建构历程中，"政教分离"曾经被看做是最重要的政治变革成就之一。今天，新自由主义政治学家和政治哲学家们又普遍地确信，"政治中立"或"中立性原则"已经成为民主政治是否正当合法和普遍有效的根本前提。滋生并强化这一确信的正是现代公共社会的结构性转型。具体地说，在现代社会里，公共领域日趋扩张，私人领域则不断萎缩，并且，前者对后者的挤压仍在不断加强。现代社会公共化程度的不断提升，客观上使得政治和法律的重要性不断突显，道德伦理的社会功能则相对弱化。现代人的一句口头禅是"现代社会是法制社会"，仿佛现代社会已然不再是道德伦理的社会。这诚然一方面反映了现代社会日益强化的公共化趋势，另一方面却也或多或少反映了现代人和现代社会的一种普遍心态，我们不妨将其视为一种政治的"现代性心态"，它所蕴涵的主要意味之一，便是现代人和现代社会日益明显的"制度依赖"或"公共化路径依赖"心理。

正如许多现代自由主义批评者们所指出的那样，值得我们注意的是，这种"制度依赖"已经不仅让现代人和现代社会越来越轻视道德伦理，也使我们越来越疏于政治的哲学反思而醉心于公共行政管理的科学技术要素和"显型"制度的约束功能。结果便是斯特劳斯所感叹的政治哲学不再可能，可能且日益昌盛的是政治学、公共行政管理学和政治理论研究。然而，我们的问题依然存在：公共生活领域与私人生活领域是否能够截然分开？作为公民个体的个人与作为自然生命的个人是否可以全然分离成为两个完全无关的人格主体？政治与道德是否能够全然分开？或者更直接地说，一种"无道德的政治"是否真的可能？倘若可能，它是否是现代民主政治的必然归宿？若如此，民主政治是否能够长久地成为人类的政治期待？凡此种种，已经引起了现代政治家和政治思想家们的广泛关注和深刻反思，不要说当今的共同体主义和共和主义政治哲学思潮，就是"新公共行政管理学派"和新制度主义政治学学派也对此有了越来越清晰的认知和理解，而这种关注和反思本身便是我们仍然需要政治哲学的基本明证。或许我们可以这样说，现代公共社会的结构性转型非但没有削弱政治哲学的基础，反倒是强化了现代社会对一种或多种新的政治哲学的期望。

于是，我们有了编辑出版"政治哲学丛书"的充足理由：社会生活的公共化趋势突显了现代人和现代社会寻求"公共理性"的紧迫与意义，而一种健全的"公共理性"寻求恰恰隐含着对政治哲学的深远期待！

2010 年 4 月于北京北郊悠斋

目　　录

丛书前言（原版）

随着时代和社会发展，社会哲学家及学者愈加关注生活中的伦 vii
理问题，而在诸多现实政策领域中，存在着道德图景不清、意见经
常分歧的现象，存在着道德决策之争。因此推出这套丛书正当其时。

从某种意义上说，人们总是期待西方世界以特有的希望和乐观
态度来迎接第三个千禧年的来临。这是一个渴望告别 20 世纪的世
界，因为这个世纪前半叶发生了两次世界大战，后半叶出现了共产
主义与自由民主主义两种意识形态在确保相互摧毁的基础上保持危
险对峙局面。伴随这种危险局面的消失，人们对未来充满着新的希
望，并以公共庆典、渴望改变等形式表现出来；新生、新颖、创
新、新潮、求新，是反映这种新希望的关键词。新世纪开始后的这
一两年，虽然世界不是以一种人们所希望的和平方式来改变，但确
实在改变。2001 年发生在纽约的"9·11"事件以及其后世界各地
发生的相关事件，极大转变了人们对世界的看法，消除了因冷战结
束而产生的沾沾自喜。在世俗化的西方世界（起源于犹太基督教）
和谨遵教义的伊斯兰教世界之间，新的宗教分歧不断加大；同时，
宗教分歧甚至给非宗教世界强制性地贴上了标签。

所有这些情况清楚地显示了 20 世纪后半叶西方的公共价值与个 viii
人价值在多大程度上出现了转变，而 20 世纪前半叶在世界主要文化
中，不可能会产生这些价值、期望与行为的差别，在服饰、习俗、
婚姻传统、女性地位、娱乐等各个领域中，某些共通性都可能会流

1

行，成为文化交汇与交流的润滑剂。但是目前，在私人空间中什么是适度的、什么是容许去做的，存在日益扩大的观念分歧，而这种分歧也公然呈现于媒体、性行为和家庭政策上面。同时，在国家、民族、社会等更广阔的层面上，也出现了更多的差异。关于战争的性质、条件和理由的陈旧假设不再适合于当今世界，同时种族观念和国家认同之间的界限也日益模糊。在全球化背景下，个人与群体往往主动摒弃传统的地域辖区和界限，消除自我意识。这也有力地促进了富裕的西方世界处理诸如难民、移民和边界控制等有争议的问题。

另一方面，在科学研究和知识探索的世界里，西方科学——现在是世界科学——已在很多领域取得领先，其一是战争和武器制造技术，其二是生物医学领域中的新发现，特别是基因研究。战争和武器制造技术的发展使人们在威胁面前感到惊慌无助；生物医学的发展则引起了关于生命的新的伦理问题，即如何处理延长人类生命的问题，如何规范一个新的生命在胚胎阶段被操控的问题。科学已经急遽改变了人们的交流方式，而且这种改变必将继续下去。计算机不再那么机械，而是越来越具有生化特征，同时也会更加便宜，更为普及，第三世界国家的人们也会同富裕的发达国家的人们一样使用计算机。

有人预测，在一般战争之外，人类与其他物种（甚至是与细菌类物种）之间的战争将会成为一条新的战线。由于我们不能善待自然环境，人类控制地球的短暂时期行将结束。一方面，有人描绘了一种新世纪的马尔萨斯理论，认为地球会因世纪末决战而自我毁灭。另一方面，有人认为，人类理性乃无价之天赋，如果能够弘扬传统的优秀价值观，那将会引导我们脱离蒙昧，实现第二次启蒙。然而，诸多问题仍然难以回答，这使人不安。我们会善用科学和医疗的进步吗？我们能关爱和保护世界环境吗？我们能对世界宗教遗产去恶扬善吗？我们能坚持社会与个人的伦理价值吗？例如：爱、信任、忠诚、责任、谦逊、利他、互相尊重等个人价值观与民主自由、尊重人权、追求公众利益等社会价值观。

一些乐观主义者认为，开放的思想和认真的思考至少会有助于正确解答这些问题。正是这些乐观主义者的一线希望，为这套丛书的出版提供了背景和理由，让我们以伦理视角探索当代的热点问题。这套丛书的作者们有不同的立场和观点，他们陈述和分析当代最迫切需要解决的问题，提供各自的解决方案，同时也为读者提供了争论的话题，让我们共同维护和发挥理性的特权。

布伦达·阿尔蒙德（Brenda Almond）

前　言

　　"在过去的两年中写这本书是一个令人沮丧的经历。"这是我在
早些时候出版的《恐怖主义，安全与国家》（伦敦：罗德里奇出版
社，1994 年版）中所写的前言。而本书也没有给我带来更多的兴
奋。写作始于研究 20 世纪末突显的国家主义暴力事件以及国家和国
家同盟对这些事件的反应。其后，在写作过程中发生了"9·11"
事件和阿富汗战争，这迫使我扩展研究领域，也迫使我转向更多的
关于政治上的思考。本书就是这一思考成果。它在回答问题的同
时，引出了更多的问题，而且会引起更多的争议。

　　本书第一章内容包含了 2002 年我在牛津曼斯菲尔德学院"战争
与虚拟战争"的会议上的发言材料，第三章的一部分是同年我在都
柏林的皇家爱尔兰研究院关于"哲学与心理分析"的会议上的发
言，第六章整合了 2001 年我在曼彻斯特举办的应用哲学会议上的部
分发言，这些发言随后在 A. 莫斯利和 R. 诺曼主编的《人权与军事
干涉》（*Human Rights and Military Intervention*）上发表。感谢编
辑和出版者（www. ashgate. com）允许我再次使用这些材料。第六
章还引用了 2000 年我在赫尔举行的"真相、国际大赦与和解"会议
上提交的一篇论文。我感谢这些会议的组织者给我提供机会去思考
相关问题，并且得到他们的批评指正。

　　许多人使我获益匪浅，首先要感谢露芮塔·拿破仑妮，自从她
六年前把我原来写过的一本关于恐怖主义的书译成意大利文开始，

她就一直鼓励着我。我也要感谢丛书编辑布伦达·阿尔蒙德、爱丁堡大学出版社的编辑杰克·仲斯、我的文字编辑尼古拉·沃德和赫尔人文学院的秘书克里斯·考尔松。没有他们，这本书不会付梓出版。还要感谢赫尔大学和艺术与人文研究董事会提供的研究假期，使我能够完成写作。我最大的希望是本书的内容很快与现实无关，但我担心事实上不会无关。

除非有明确指示，本书中名词和代词的阳性与阴性并非特指某人的性别。

第一章　旧式战争与新式战争

旧式战争

比较一下这两次战争：1982 年发生的福克兰群岛（Falklands）*1* 冲突和由美国主导的所谓的"反恐战争"。后者是美国对 2001 年 "9·11"事件做出的回应。为方便起见，我们可以把"9·11"事件视为此类战争的第一波攻击。首先，我认为福克兰群岛冲突是一场典型的"旧式战争"①，我将引用福克兰群岛冲突的一些特征来概括这一观点，一方面归结出我所说的战争的"条件"特征，另一方面归结出战争的"行为"特征。如果我们同意克劳塞维茨的名言 "战争是政治通过另一种手段的延续并通过条件表现出来"，那么一般来说，战争可以被视为人们追求的政策。② 战争的行为是指如何进行战斗。很明显，战争的行为很大程度上取决于战争的条件。那么，福克兰群岛冲突的条件如何呢？

首先，这是一场确定的两个国家之间的冲突，因此符合卢梭的

---

① 我认为，旧式战争与新式战争的区别源自玛丽·卡尔多的《新式和旧式战争》（*New and old war*，Cambridge：Polity，1999）。卡尔多仅把旧式战争视为克劳塞维茨式的战争。

② 卡尔·冯·克劳塞维茨：《战争论》［1832］（Carl von Clausewitz，*On War* ［1832］，Harmondsworth：Penguin，1968，bk. I ch. 1，sec. 24，p. 119）。

战争观:"有些事情不是发生在人和人之间,而是发生在国家之间,卷入其中的个人只是偶然性地成为敌人。"① 因为事关领土,战争双方都对群岛宣布拥有主权,所以福克兰群岛冲突是两个国家之间的战争。因此,一方面这场战争可视为推翻占领国的战争,另一方面可视为反侵略战争。两个国家都力求占领或收复福克兰群岛以建立自己的统治。这就是这场战争的公开的政治目标,因此只有那些有助于实现这个目标的手段才会被采用。而且随着一方实现了这一目标,没有采取进一步军事行动的理由,那么和平条件随之重现。对于失败的一方,战争从来不是保证达到其政治目标的有效手段,一旦失败,至少在当时的情况下,必须放弃战争。

战争行为的特点来源于如下特征。战争双方的军事目的毫无疑问就是取得武装斗争的胜利。因此,调动军队的目的就是为了达到军事目标。为确保军事目标的实现,采取军事行动之前应当权衡己方和对方可能付出的伤亡代价。还要在最大程度上将那些不涉及冲突的平民、投降士兵等作为非军事打击目标并使其得到有效保护。可能有两种观点反对我为了突显战争的核心目的而做出的论断。例如,贝尔格雷诺将军号被一艘英国潜艇击沉,死伤惨重,而这对于赢得战争来说是完全没有必要的,因为当时它已处于所谓的"军事禁区"之外。还有,据传阿根廷战俘遭到虐待,到底有没有这类违反战争规范的事情发生? 假设这两点都是真的,那么战时和后来对英国方面的战争行为所提出的异议,意味着(而非反驳了)这样一个事实:战争一直以来实际上都在沿着我刚才所描述的路线进行。这些事件可能偏离而不是描绘了战争的全貌,因为这些受到人们谴责的、完全没有必要的暴行并不是为了达到进一步的政治或军事目标。

---

① 让·雅克·卢梭:《社会契约论》(Jean Jacques Rousseau, *The Social Contract*, many editions, 1968, bk. 1, ch. 4)。

有人早期就认为福克兰群岛冲突本身没有必要，哪一方的策略都能控制战争，而且双方均损失巨大。这种观点可能是对的，但其再次体现而非反驳了我的战争条件观。这样一场战争的确切目标是获得领土、建立统治，这是战争的公开目的。从某种程度上说，为了达到这种目的而承担太大的风险和耗费，这种战争是没有必要进行的。而发动战争的另一个动机——正如马基雅维利所说："使胜利者更加伟大"①，可能也是值得怀疑的。这种动机也是一种反常，它预先假定我所描述的战争条件就是类似福克兰群岛的武装冲突的范式，因此，必须确保实现与这种范式相关的各种战争条件。在这里，我所概述的范式就是我所说的"旧式战争"的范式，我会在后面更为详尽地论述它。

新式战争

旧式战争与所谓的恐怖战争和导致双边战争的恐怖主义行动之间的区别，首先在于战争条件的不同。② 第一，恐怖战争不是直接的国家之间的战争。战争一方是国家或国家联盟，另一方则是非国家行为体。尽管现实情况更为复杂，例如，有时候假想的恐怖发起国也会成为被打击目标，有时候也通过委托非国家层面的武装人员采取行动。但是我们可以说，这是恐怖战争的基本架构。那么，新式战争是为了什么？这比福克兰群岛冲突更加难以定义，因为那是一场旧式战争，交战国之间存在争执，双方都设法履行保卫各自领

---

① 转引自 A. J. 考特茨：《战争伦理学》（A. J. Coates, *The Ethics of War*, Manchester: Manchester University Press, 1997, p. 162）。

② 当然，这里对恐怖战争的说明是有争议的。一些支持观点可以参见菲尔·斯科如顿：《超越"9·11"：异议文选》（Phil Scruton (ed.), *Beyond September 11: an Anthology of Dissent*, London: Pluto, 2002）。

土的责任，完全以保卫疆土为高尚的目标。但是在新式战争中，一方面，各伊斯兰组织将自己的任务定位于收回被异教徒占领和影响的穆斯林地盘。另一方面，美国及其盟国，还有那些将美国的战争视为己任者，声言要为了各种价值观而战。毫无偏见地说，这些价值观是指西方的自由、民主和文明，人们认为这种价值观尊重人类生命的价值和人的平等尊严。

就上述目的而言，我所强调的是战争双方本质上都不是为了履行国家职责。因为一个国家是为了治理其民众、保卫其领土而存在，而不是为了推广一系列特殊的价值观和生活方式而存在，尽管对内对外都能很好地做到这一点，但这已超出了国家的职能范围。另外，一个国家或者具有共同政治目标的国家联盟来发动恐怖袭击是不多见的。正像伊斯兰组织宣称要维护《古兰经》律例和穆斯林传统的权威一样，反恐国家也宣称它们是为了保护它们所拥护的价值观为基础的机构。任何一方都宣称自己是权威，而实际上都是为了具有共同价值观的群体的利益而行动，以便对抗那些缺乏这些价值观的、非己族类的邪恶之人。

对于战争应实现其目标的方式来讲，这有一定意义。与为了保卫领土以便和平统治的战争不同，旨在推广正义的战争没有清晰的界限，在战争的政治目标和战争效果之间没有明显的联系，也没有一种达到目标和效果的确定方式。正如犯罪永远不会停息，警察永远不会停止工作一样，恐怖战争的任何一方都没有明确的结束战争的迹象；因为双方都感觉不公正仍将继续，所以战争将会超越公正这一领域。战争如何成为一种正义的需要？以及如何实现正义的目标？这方面的回答特别不清楚。如何正确评估作为政治手段的战争的有效性及其他方面，以便决定是否需要发动或继续战争，也是不清楚的。结果，双方都看不出使用武力的理由，只能认为这是感受到非正义进而采取行动的反应。

反恐战争的行为一定程度上由这些条件来决定，而这些条件与福克兰群岛冲突的条件有很大不同。正如我前面所说，恐怖战争中的各方都很难明白胜利意味着什么，那些挑起战争的人们也不清楚纯粹的军事胜利是要达到什么目的。各方都有很多平民像士兵一样受到武力攻击。伊斯兰武装分子的目标是报复美国及其盟国犯下的反伊斯兰教罪行，美国的目的是为了报复激进的伊斯兰教徒对美国及其他拥有西方生活方式的国家所犯下的罪行。不仅那些投身于军事行动的士兵，所有犯下上述罪行的人都感觉自己将受到袭击。在伊斯兰恐怖行动中就出现了上述现象，不但攻击武装人员，而且直接攻击平民，导致平民支持者死伤和财产损失。这两种情况所要产生的结果在于给对方施加压力，以使他们后悔，并且停止涉及和参与所谓的不公正之事。

与传统军事斗争有很大不同，对反恐战争的行为具有决定作用的另一个因素源于这样一个事实：一方是国家或国家联盟的军队，另一方主要是那些非国家行为体，他们至多受到一些弱国或较为强大国家的隐蔽和有限的资助。这就导致了战争的不对称性：伊斯兰方采用恐怖袭击和游击战术（这是反恐方的归纳）。他们的策略是一方面应用尖端侦察技术，另一方面进行压倒性的而又很少牺牲己方人员的军事行动，即所谓的"虚拟战争"（virtual war）。① 除了攻击一艘美国军舰和袭击驻阿拉伯半岛的一个美国军营以外，伊斯兰方较为缺乏军事能力，因此双方一般都不把确定的军事目标作为军事行动的焦点。因为伊斯兰分子采取特有的恐怖袭击方式，所以美国很少能确定明确的军事目标，必须通过维持治安的方式，而不是战争方式，来制止恐怖分子在更大范围内随意制造爆炸事件。阿富汗就是例证。

毫无疑问这种恐怖战争观将会遭到非议，因为它不承认反恐战

① 参见迈克尔·伊格南蒂夫：《虚拟战争》（Michael Ignatieff, *Virtual War*, London: Chatto & Windus, 2000）。

争与福克兰群岛冲突无论对一方还是双方来讲都是自卫战争，这似乎夸大了两者间的不同。对于这种非议稍后我将进行解释。但是我想强调的是这样一种差异，即为了国家安定而进行的保卫领土的军事防卫与具有共同身份的群体防卫之间的差异。福克兰群岛冲突是对前者的例证，反映了国际法的观点——军事力量可用于自我防卫，一般来说不用于其他目的①；因此，问题在于阿根廷或英国是否有权利使用武力。而我所说的反恐战争，则是对后者的例证。

这就是说，作为穆斯林，伊斯兰组织宣称要代表那些他们想象中需要保护的人：他们不仅把那些人作为遭受美国及其代理人的身体摧残和压迫的人来保护，而且作为宗教和生活方式受到威胁、宗教感情受到切实伤害的人来保护。② 美国也相应地具有这些观念，但是与伊斯兰组织不同，美国否认这个事实。他们宣称是在国际法的框架下行使其自卫权利，因此必须遵照国际法的要求进行战斗。美国开展军事行动并不仅仅是保护那些处于危险境地的人，不仅对美国公民负责，而且对那些具有相同价值观和生活方式的人负责，以便这些价值观本身能够在威胁之下获得拯救和发展，并且使从事恐怖行动并从中获益的人遭受打击。③

正因为这个原因，一般在很多新式战争中，美国的海外行动有军事干涉的特点。也就是说，正如它的宣言或它的联盟所宣称的那样，美国获得了民众授权并依靠民众支持，其军事行动并非指向一个国家，而是针对侮辱某些西方价值观的政权，或是无视不支持这

---

① 参见克里斯廷·格雷：《国际法和军力使用》（Christine Gray, *International Law and the Use of Force*, Oxford: Oxford University Press, 2000, ch. 4）。

② 参见1998年2月23日奥萨马·本·拉登的《世界伊斯兰阵线宣言》，此宣言资料源于约翰·凯尔西：《伊斯兰教义中的战争、和平和正义》，见保罗·鲁滨逊编：《比较观点中的正义战争》（the "World Islamic Front Statement" of Osama Bin-Laden, reproduced in John Kelasy, "War, Peace and Justice in Islamic Tradition" in Paul Robinson (ed.), *Just War in Comparative Perspective*, Aldertion: Ashgate, forthcoming）。

③ 参见信函《我们为何而战》（the letter "What We're Fighting For", New York: Institute for American Values, February 2002）。

些价值观的政权的存在。这也与伊斯兰恐怖主义者的行动相类似。正如我前面所说，美国不是作为一个受到攻击的国家，而是作为反对伊斯兰教价值标准的急先锋来进行军事行动的。

条件对比

现在，我将更为系统地描述这些具体战争的特点，以便清晰地阐明旧式战争与新式战争的差别。当然，应当记住：尽管这两次战争在很多方面具有典型性，但是还有很多特殊性。我认为，在这里我们可以讨论两种战争范式中的各个具体战争之间的相似性，这样有助于有效地分析问题。

旧式战争是典型的国家之间的战争，寻求提升国家的影响力，保卫边境，保护其他有利于带来和平、繁荣和有序生活的环境。而在国内战争中，参战的一方或多方并不是国家。这是因为一部分民众并不感觉他们喜欢上述的环境，也不想安顿于这些环境。他们或是在一个国家现存的疆域内，在现有的政治秩序中寻求改变，或是想要改变国家边界，例如分离主义者力图独立以建立自己的环境秩序。比较而言，新式战争可能被视为人与人之间或代表人民的战争。在此概念中，战争各方不仅通过国家或潜在国家的成员，而且通过那些具有代表性的先进组织的成员提出政治主张（包括宣布分裂国家）。借助于构成这些组织的人，战争各方根据身份不同而被归类。

这里有大量例证。最简单的例子就是两个群体都视自己为独立的群体，至少在某些时候，他们之间的冲突反映了他们的矛盾，例如印度次大陆上的伊斯兰教徒和印度教教徒。分裂展现了一种观念上的冲突，也给克什米尔和其他地区的人们留下了持续的痛苦。同时，很多分离主义者的斗争都有这个特点，但不是全部的分离主义者在斗争时都如此。在一些情况下，一个国家将会明确反对分裂，因为它不会承认分离主义者是一个独立的群体，所以冲突并不在于给认同独立的人提供了什么，而是具有独立身份的人应该认同什么。而且，这样的认同或是对认同的拒绝，都是那些人本身或来自其国家和其他政治组织的人所追求的。因为如果要在军事战役中把人们动员起来，自我认同是必不可少的。其实这样一场战役的存在本身就能够影响人的自我认同。

反恐战争就是这样一类战争。尽管伊斯兰主义者将其视为一场鉴别穆斯林和非穆斯林的战争，但美国及其盟国却否认他们反对穆斯林。美国及其盟国不是通过宗教而是通过语言、地域从属或其他西方标准来鉴别穆斯林。这些鉴别标准完全渗透着自由民主等价值观，必然受到坚定的伊斯兰主义者的抵制。因此，在伊斯兰主义者和美国联盟之间存在一场意识形态斗争，这场斗争以拉拢符合双方各自标准的穆斯林平民为目的。在伊斯兰一方，战争被视为人与人之间的战斗；在美国一方，战争被视为代表那些支持既定价值观的人的战斗，但同样，他们的身份也会受反对者的影响。我认为，在任何一种定义中，战争都涉及明确识别群体身份的方式问题，这也是新式战争观的一个特点，我有必要对其加以阐述。

我认为，新式战争涉及明确识别群体身份的方式问题，这反映了不和（discard）而非争执（disagreement）。最简单的例子是前面所说的那些视己为独立群体的人，他们之间出现不和；较为复杂的例证是，首先出现不和，然后可能导致分裂。当然，不和容易导致争执，反之亦然。即使这样，不和也绝对不同于分歧，因为它是以一种关系的状态而非某一事件为特征。然而，即便争执不会导致不和，人们之间的不和谐也会存在，而且不和能够引发暴力甚至战争。而国家之间的情况则是另一回事了。旧式战争是典型的、明确的，因不能和平解决争执而导致的结果。关于领土和影响范围的分歧可能是导致旧式战争的最普遍的因素。

不和或是因为人们拥有不同的价值观而导致的结果，或是导致了人们关注现实以及关注想象中的价值观的不同。所以，一个群体的行为被另一个群体视为对其价值观的冒犯、视为没有对其展示应有的尊重、视为不讲道义。因此，正如我已经提出的，新式战争一方面是不和谐的体现，另一方面是人们通过战争形式获取正义的方式，而不仅仅是为了保护民众和平有序的生活，这两个方面之间有直接的联系。当然，前面提到的旧式战争的目的受到那些能够授权进行战争的民众的限制，所以引发旧式战争的争执是典型的关于这些授权的确切性质的争执，而且对于授权是否得到执行也存在争执。所有这些都发生在一个具有共同属性的一致意见的框架内。而新式战争则是完全不同的。确实，因为没有这样的一致框架，在价值观不和的形势下，在缺乏一个权威机构对战争主张做出公断的条件下，一场追求正义的战争不仅是自我救助的表现，其本身也是这样一种表现：构建一个卓越的权威机构来掌握正义以反对那些违反其要求的人。

行为对比

如果新式战争的条件是反对或者代表人们进行斗争，那么其方式在于各方的群体身份应该得到政治上的认可，就像表现不和与追求正义的战争一样。由此，我们可以预见战争形态的突出特点，就像开始我们在详细的例证中阐述的一样。因此，旧式战争主要针对国家或其他市民群体，手段是攻击别国的军队，而新式战争则以具有同一身份的群体为目标或是以那些寻求建立这样的群体的人为目标。因此，战争通过这两种方式进行：或是直接针对这些群体的成员，以群体成员的身份而非以战士为身份为识别目标的方式；或是忽视对方群体的幸福，而对于己方群体的成员则显示出过多的关怀。这类攻击往往采取直接的和暴力的方式来针对或反对被发现的政治共同体。最明显的例子就是"种族清洗"——平民被攻击，被驱赶出一个地域，或是寄篱于另一个群体当中，或是远离一个支持分离或拥有不同政治主张的群体。

　　在弥漫于新式战争周围的不和气氛中，攻击或袭击平民是容易实现的，而这样做对于战争形态有两个进一步的相关推论。攻击平民或过多地袭击他们，是与战争原则背道而驰的。无论是在一定范围进行毫无军事目的的杀戮，还是杀害、折磨或粗暴对待被关押的战俘，都是敌方士兵的虐待行为。然而这确是我们在新式战争中目睹过的，不和抹杀了对敌人的尊重。战争原则被打破的一个原因在于至少有一方的军队普遍没有规矩、没有经过训练、没有纪律，一般也缺少一套令行禁止的明确的政治控制系统。以身份群体为基础，通过挑起不和，通过动员，招募这样的非正规军是很容易的。因其性质使然，这样的军队不可能进行常规武装战争，而是被迫打游击战或恐怖战，这使其带有很强的危害性。可见，非对称性斗争是新式战争的一大特点，但是不能认为国家的常规军队就因此摆脱了我刚才提过的邪恶性。不和谐也影响着这些常规军队，军队招募的大量军事人员，也表现出像恐怖分子一样进行攻击的一面。

　　然而，最终通过我刚才明确说明的特殊方法，对于以伸张正义为目的的身份群体的起因的阐述，能够用来解释很多新式战争中的过分行为，也能够以正义的愤慨来掩饰不和与憎恨。在旧式战争中，非战斗人员和丧失战斗力的士兵不会成为攻击目标，因为他们不会故意去阻止夺取领土的军事行动；在新式战争中，他们可能会被视为与战争力图改变的假定的非正义有关的人，从而遭到与战斗士兵一样的对待。明显的例子是他们可能占领另一个身份群体的领土。不是很明显的例子是，他们可能希望成为威胁另一个身份群体生活方式的政策的受益人，正如伊斯兰激进分子对美国人所做的那样。在这些例子中，很明显，可以解释为寻求正义的战斗的新式战争，可能把这些人作为攻击目标，至少不会像旧式战争中一样把这些人作为免遭攻击的人群。

在旧式战争中，至少在国家之间的战争中，斗争双方的武装部队都有权利抵抗对方的攻击，这是可以接受的，也是正当的，因为他们作为士兵只不过是执行长官的命令。而追求正义的战争则有着不同的策略。在新式战争中，抵抗攻击就是阻碍正义，同样，抵抗寻求矫正世界的、法律和秩序的力量则构成重罪。因此，在旧式战争中，报复必须有一个合理的军事目的，而在新式战争中，报复仅仅用来平衡日益加深的不公平感。因为双方抱着同样的观点：自己才是伸张正义的更高权威，这显然导致了我们在新式战争中所看到的无休止的、无明确目的的、针锋相对的冲突。当然，这些冲突通常针对群体中的其他成员，也针对那些首先发动袭击的人。因为，正是作为整体的身份群体，或者至少是其积极支持者，不仅是特定的战士，也有可能是平民中的邪恶之人，"从事一种客观上不公平的行动"①。

角色与身份

我所说的新式战争本质上是身份政治的外在表现。新式战争的参与者是一个群体，其拥有独特的集体认同，或者为了这个群体被认可而拥有特殊的集体身份，他们关注于通过一种方式或另一种方式使这种身份能够得到识别。身份政治预示的是，一个人如果进入

---

① G. E. M. 安斯康姆：《哲学论文集》(G. E. M. Anscombe, *Collected Philosophical Papers*, Oxford: Blackwell, 1981, p. 53)。

11 政治生活，就需要有一个特殊的集体身份。这已经被一种观点所支持，这种观点源自德国浪漫的国家主义——"我本质上是一个德国人，而且因为我是一个德国人所以我存在"——尽管这是一个备受争议的老话题，而且最终涉及的是宗教和血统。① 一个拥有一种特定身份的人进入政治领域想来是适合的，因为一个政治组织，例如一个国家或国家联盟，可能应当会把一个人与其他具有共同身份的人联系在一起。而且，正是这一身份使一个人具备了从事政治活动所必需的价值观。这一身份群体以外的其他群体可能也是如此。一般而言，政治的规律与战争的规律如出一辙，因为战争是政治的继续。新式战争就是由身份拥有者的代表者发动，真正的或是想象中的②，为了他们的身份群体，依照他们的价值观来行动。

我想把身份政治与"角色政治"进行比较。角色政治是近期早些时候被提出来的，我也打算使用这个概念。③ 角色政治意味着我能够进入政治领域而没有任何本质性的集体身份，而是作为一个个体开始表演一个特殊的角色，最常见的是在现代政治世界中扮演一个公民的角色。也就是说，一个人不会带着他先前的、由其政治关系的角色所反映的特征进入政治，而是这个人表现其角色的方式形成了他的政治关系。一个人应当如何在政治舞台上进行表演不是取

---

① 路易斯·杜蒙：《个人主义随笔》(Louis Dumont, *Essays in Individualism*, Chicago：University of Chicago Press, 1986, pp. 130-131)。

② 本尼迪克特·安德森主张，从某种意义上说，所有国家身份都是想象的，见《想象中的社会》(Benedict Anderson, *Imagined Communities*, London：Verso, 1991)。在这里不是我所使用的国家概念。

③ "角色不是一个定义明确和容易发展的道德概念，我们将学会设法应付一些边缘的模糊之处。"见亚瑟·伊萨克·艾泊布姆：《考虑对手的伦理学：公共和专业生活中的角色道德》(Arthur Isak Applbaum, *Ethics for Adversaries：the Morality of Roles in Public and Professional Life*, Princeton：Princeton University Press, 1999, p. 46)。艾泊布姆是自多罗西·艾米特 (Dorothy Emmett, *Rules, Roles and Relations*《规则、角色和关系》, London：Macmillan, 1966) 以来为数不多的几位探究角色伦理学的近代哲学家之一。这个概念被广泛地使用于社会学，特别是被用于源自 G. H. 米德和欧文·果夫曼的有影响力的作品的符号交互作用领域。

决于先于行动的价值观，而是取决于角色所要求的职责。因此，这种职责并不涉及一个人在政治舞台之外应当如何行动。这句话有助于说明问题：在角色政治中，一个人如何行动取决于角色是什么；在身份政治中，一个人如何行动取决于他是谁（他的身份是什么）。

粗略描绘一下这幅图景：典型的旧式战争是国家之间的争夺，各色人等根据他们角色的需要而行动。国家领导者为保护本国核心利益而行动，同时尊重国际关系准则，这些准则使得国家之间的一系列交流成为可能，包括和平对话破裂后的战争冲突。通过采取这些行动，领导者代表了那些具有公民身份的人，这些人为了国家安全而扮演一种角色。通常具有公民身份的国家武装部队的成员，也有他们自己的角色。他们的任务是通过设计获取军事胜利的各种方法来击溃敌方军队，同时他们也要使军事胜利与战争目的相适应，并且区别对待他们的目标，因此平民和投降士兵不是他们攻击的目标。而且战争中采取什么行动掌握在士兵、船员和飞行员的手中，而战争决定权是在那些能够控制使用这些角色的人手中。旧式战争的条件同样也是由规则控制——关于何时能够诉诸战争的规则，关于不能进行军事斗争的规则。这些国际准则的内容在于限制政治家或其他相关政治领导者的行为。当角色政治让位于身份政治的时候，这些关于战争条件和战争形态的准则被废弃了。

20 世纪 80 年代末苏联解体时，发生在阿塞拜疆的事情就是个例证。80 年代前期，阿塞拜疆人毫无例外地支持他们的同胞加里·卡斯帕罗夫（Gary Kasparov）在国际象棋比赛中对阵俄罗斯的阿那托利·卡尔波夫（Anatoly Karpov），而"不管卡斯帕罗夫是一半亚美尼亚血统和一半犹太血统，根本没有一点阿塞拜疆血统"①。然而，到 80 年代末，亚美尼亚人和阿塞拜疆人被置于一场国内冲突

① 参见阿科第·泊普沃：《外高加索地区的种族战争》，见《新式战争》（in M. Kaldor & B. Vashee (eds.), *New Wars*, London: Pinter, 1997, p. 185)。

中，种族清洗夺走了成千上万人的生命，造成几十万人流离失所。双方都宣称纳戈尔诺—卡拉巴赫（Nagorno-Karabakh）地区自古以来就是它们领土的一部分。冷战的力量平衡被打破，民族主义运动遍及世界，正是这些事件的发展状况成为他们诉诸武力的重要依据。身份政治已经起到支配战争的作用。

然而，在80年代早期，阿塞拜疆人集体支持非阿族的卡斯帕罗夫。这些人渴望支持同胞，即使是在体育竞赛中。而当亚美尼亚族和阿塞拜疆族在他们共同担当市民的国家中发生冲突时，他们不再扮演支持同胞的角色，而这并不是国内战争导致的。当一个国家中的一个市民群体被另一个群体压迫时，前者可能起来反抗，不是推翻准许压迫的政府，就是退出政府，在这两种情况的任何一种中，那些从事战争的人能够以平民的身份来行动。他们的领导者是平民的代理人，他们的军队是平民群体夺取军事胜利的武装力量。但是，国内战争涉及群体身份如何在政治上被识别的方式问题，就像纳戈尔诺—卡拉巴赫冲突，参与者不是像一般追求利益的平民一样行动，而仅仅是作为身份群体的成员在行动。而且战争爆发的方式，所有不和与随之而来的新式战争的过火行为，也都反映了这一点。

我认为，身份政治和角色政治是政治行为的不同模式，从这个意义上说，参与者设计自我，设计两种模式中他们所期望达到的不同目的。不论参与者是否有清晰的相关身份或角色的自我意识，他们都能够适应不同的道德要求，并且相应调整他们的行动。然而，在现实政治形势中，哪一种模式在起作用实际上是不清楚的，参与者有时采取这种模式，有时采用那种模式。阿拉伯人与以色列人的冲突就是典型的例子。阿以冲突基本上是一场受压迫群体寻求权利的旧式战争，而当反对一个已确立的国家以寻求安全时，则堕落为一场犹太教徒与穆斯林之间的身份战争。因此，认为旧式与新式战争有明显的历史分期的观点，认为从前者到后者的转变体现为从角色政治到身份政治沧海桑田般改变的观点，可能都是错误的。① 但是，我认为，这也体现了近几年从一种模式为主向另一种模式为主的转变。随之，丧失了原来公认的行为准则，特别是丧失了战争中的行为准则，尽管这些准则在事实上是被藐视的。② 在适合的历史环境中，每一种模式在任何时候都可能发生，因此从一种模式到另一种模式的转变完全不是一个最近才出现的现象。

确实，角色政治本质上是一个古典概念，它源自希腊的市民模式，在罗马地位观念中作为一个有效的、非常独立的群体身份从而结出硕果。这个概念后来被运用，特别是在由自由国家构成的威斯特伐利亚体系建立以后，其通过确立一个非军事干涉的原则和其他国际关系准则，终结了 17 世纪的宗教战争，这些原则很多被纳入现在的《联合国宪章》。③

这些准则的重点在于它们是跨文化的，如果这些准则要去调控具有广泛不同文化背景的国家之间的关系，那么它们必须是跨文化的。因此，一个政治家或类似的政治领导者的作用受国际准则的限 *14* 制。这些准则允许其遵守者在对所作之事和被允许的行动方面存在共识的基础上，彼此交流和谈判。士兵也受到这些准则的限制，这些准则规定了允许战争发生的共同背景，规定了构成一场战争的因素以及怎样着手从事战争。实质性偏离了这些准则，就不再拥有士兵的身份，而是选择了一种完全不同类型的角色，可能是具有超凡魅力的领导者，或是身份政治的战士。但是，特定身份群体对其具

---

① 与我不同，玛丽·卡尔多的《新式和旧式战争》致力于以一种平实的按年代顺序排列的意识研究差异。

② 例如，尽管第二次世界大战是一场国家间的战争，但它有一个强大的身份政治体系说明其诸多过分之处。

③ 然而，安东尼奥·卡赛斯洞悉了威斯特伐利亚与《联合国宪章》关于国际关系模式之间的区别，见其《人类自主：法律的重估》（Antonio Cassese, *Self-Determination of Peoples：A Legal Reappraisal*, Cambridge：Cambridge University Press, 1995, p. 325）。

有魅力的领导者和战士的期望完全取决于这个群体所持有的价值观。这些国际角色的准则是文化交流的结果，它们提供了没有界限的国际评判规则，而没有冒犯群体价值观的危险。

正义战争和防卫

在旧式战争准则中，起支配作用的国际准则正是那些被视为正义战争的准则，这一点不令人感到惊奇。① 正义战争理论把两个定义一场战争为"正义"的必要条件区分开来。第一个是诉诸战争权（jus ad bellum）——有权进行战争；第二个是战时法（jus in bello）——战争中应采取的正确行为。我认为，诉诸战争权正是对政治家和同等类型的政治领导者决策是否发动一场战争的约束，战时法则是对战争中的士兵和相关军队的约束。在每一个条件中（可能后者更为明显），什么人扮演何种角色部分取决于他是否准备接受这些要求。那么，让我们分别演习一下我前面提到的战争条件和战争行为。正义战争理论的归宿是一种"自卫"的正义战争理论，这是很明显的，我将对其进行论述。

那么，首先要考虑的是，一场战争成为正义战争的必要条件在于：战争由适当的官方机构来发动。这可能需要解释清楚这样一种关系，即决定进行战争的领导者必须为了他们的群体利益而战斗。通常，政治家和国家之间是一种构成关系，所以参与战争的派别就是国家本身，而不是为了小集团利益而被非官方雇用的国家军队。是的，正如我前面指出的那样，在特殊的环境中，一个领导者可能代表一个市民群体，由于他们发现自己被另一个群体压迫并且起来

15

---

① 参见我的《恐怖主义、安全和民族性》（*Terrorism, Security and Nationality*, London: Routledge, 1994, ch. 2）。

反抗，因此他们不再是国家的一个组成部分，这就带来第二个必要条件，也就是关于正义起因的必要条件。在自卫的正义战争理论中，第二个必要条件完全是由自卫而引发的战争所提供。当然，尽管什么等同于自卫的问题是有争议的，取决于谁能有更好的理由去保卫既定领土，但是，正如我们所见到的那样，无论是谁，战争目的必须是保卫领土，以求以一种合法的和合乎其利益的方式统治其公民。

诉诸战争权的其他必要条件以此为基础并且突出强调了与他所代表的公民相关的政治家的角色。因此，形成一个正当的意图包括旨在重构一种和平局势，在其中所有公民，不论是谁，都能够有秩序地生活。战争应当是一种对于威胁适当的反应，应当是最后的手段，具有胜算的把握，战争的各种条件都反映了政治家对其公民的责任和对其他国家的政治家负有类似责任。因为战争总是一种罪恶，所以无论在什么情况下都要尽可能地避免，而不要通过诉诸武力以求达到非必要的目的，战争只有在恢复和平和保护公民的情况下才能够进行。如果决定开战却不符合思想中的这些要求，那么战争一旦打起来，也会危及本国的公民，因为战争所得远远小于战争所失。这也把同类的政治家置于一种境地，即他们发现很难履行对其公民的职责，从而可能通过否定现存规则的方法来行动，以求促进政治家角色的执行。

相似的考虑也适用于必须满足战时法的条件，而这是正义战争理论强加给士兵的。因为，如果战争的起因是正义的，那么一场战争发动起来保卫疆土，免遭损失，反抗敌人，这就要求士兵去击退敌人、阻止入侵。正当性和非歧视性是这一结果的必然要求。① 军 *16* 事行动在一定范围内是均衡的，只有当需要保护军事目标时才动用

---

① 注意作为诉诸战争权（jus ad bellum）必备条件的均衡性和作为一种关于战时法（jus in bello）的约束的均衡性之间的区别。

军队。不追求军事胜利而追求一些其他目的不是士兵的职责。非歧视性包括只针对军事目标，即不去攻击平民或者丧失战斗力的敌方士兵。确实，把他们作为目标，或者虐待他们，不符合一名士兵的应尽职责。而且，那些可以免遭攻击的人还必须包括对方的政治领导者。

　　一般说，自卫的正义战争理论已被庄严载入包括惯例法和成文法在内的国际规则之内。在这里，国际规则遵循国家实践——一种经常被认为非常特别的特点——这个事实实际上产生了这样一种方式，它因实体间的交往而形成，这些实体的领导者普遍对和平感兴趣，特别是对保障他们自己国家的安全和力量感兴趣。① 结果是两套法规：一套与准许使用军队相关，正如《联合国宪章》及其解释决议所详细说明的；另一套涉及战争行为，就像《海牙公约》和《日内瓦公约》及其各附录中所陈述的。很明显，前者与政治家或其他政治领导者有关，后者与士兵或其他武装力量的成员有关。正是这两套法规使我们能够对政治家和士兵的行为进行评价，这也是应当进行评价的，因为我们所要评估的是他们执行角色的正当性。从大的范围讲，这也决定了他们必须遵守这些法规。

正义战争和惩罚

　　然而，我已陈述的自卫的正义战争理论不只是某种形式。特别是当基督教思想家和受到他们影响的人思考一场战争的正义性时，还有一套理论通常被混淆，这里没有充裕的空间，只能概述他们之间的关系，但是我们可以通过对比西塞罗和奥古斯丁的正义战争概

---

　　① 参见杰弗里·贝斯特：《1945 年以来的战争和法律》（Geoffrey Best, *War and Law since 1945*, Oxford: Clarendon Press, 1994, ch. 2)。

念来管窥一二。根据西塞罗的自卫理论，世界上存在两类争议，他说：

17

> 一种通过讲理解决，一种通过公开的武力解决……当我们不能通过一种方式达到真理，我们就必然会求助于另一种……但是，必须一直以获得稳固的和平为目的。①

那么，如果其他方式无能为力，就要正当地发动战争以保卫一个政治共同体的至关重要的利益，并且以达到此目的为止。比较而言，圣·奥古斯丁把战争视为对错误的惩罚，因为"当目的在于因受到伤害而报复，则战争被视为正义"②。因此，这是对一个人的真理感的攻击，而不是任何真实地可指明的伤害，这将导致他们认为战争是正义的。

这个"惩罚性"的正义战争理论，正如我将要说的，进入了基督教的思想并且进入其他宗教群体的思想中。因此，中世纪的宗教战争提供了一个大概的关于奥古斯丁标准的正义战争的例子（尽管不是西塞罗的标准），因为感知到的不公正是惩罚性的和纠正性的，是穆斯林通过占据基督教圣地而对基督教徒造成的伤害。③ 当代从伊斯兰国家驱除异教徒的穆斯林运动中一个类似的考量仍在起作用。④ 正是这类思想被用来证明追求宗教改革的战争是正义的，战争的参与者根据他们的宗教归属而识别自己。1648 年，这些战争随着《威斯特伐利亚和约》的签订而结束，正如我前面所说，这标志

---

① 西塞罗：《论义务》(Cicero, *The Offices*, London: Dent, 1909, Ⅰ xi)。

② 引自 W·L·拉·克劳克斯：《战争和国际伦理：传统与现代》(W. L. La Croix, *War and International Ethics*: Tradition and Today, Lanham: University Press of America, 1988, p. 63)。

③ 参见乔纳森·赖利-史密斯：《何为十字军东征》(Jonathan Riley-Smith, What were the Crusades. Houndmills: Macmillan, 1977)。

④ 注意，在任何一个例子中，圣战都不能比照正义战争，以为前者只是后者的其中一类。

着一种更为古典的政治模式的回归，也标志着提供现代政治框架的国家体系的回归。

　　然而，惩罚性的正义战争理论的本质特征是什么呢？与自卫战争理论相比，惩罚性的正义战争理论不是为诉诸战争权和战时法而指定的名义上的必要条件，而是诠释这些条件的方式。因此正确的权威在于能够判定是否犯了严重的公共错误，以至于重点落到了领导者表达和落实他们的人民的价值观的能力上。错误行动的受害者有正当的理由，由于判断出有悖于他们的价值观，所以他们也有旨在释放正义的正确意图。与自卫理论相比较，惩罚性的正义战争理论本质上没有任何地方涉及领导者和群众的关系。就算这样，传统理论还是为一个君主保留了正当的权威，除非他是个暴君。但这是由于神学的原因——君主是上帝在世上掌管正义的代表，而非百姓。①

　　在惩罚性理论中还有其他诉诸战争权的必要条件。战争是一种恰当的和最后的制裁，也是一个有效展示罪罚匹配思想的方法，而不是利于报复的方式；只有当其他旨在把犯罪者绳之以法的方法无效的情况下，才能诉诸战争；而且战争应该成功地纠正不公正，否则邪恶就会大行其道。同样，战时法中的条款反映了战争的报复效果。在战争形态中，正当性不是根据相关的纯军事目的判定，而是与被认为是释放正义所必需之事物相关。因此，只要构成的报复以及所做出的攻击性反映没有完全超出一定范围，所谓的恰当反映就需要服务于非军事目的以求预防或阻止进一步的冲突。反映的非歧视性包括不以无辜者为目标，也就是那些没有参与最初的错误或阻止纠正错误的人。那么，很明显，平民不能一概豁免，而且，特别

18

---

　　① 然而，这一评论并不适用于阿奎那，因为一位王子的权力机构确实依靠他的责任去支撑他的人民的共同利益。参见拉·克劳克斯：《战争和国际伦理》（La Croix, *War and International Ethics*, p. 71）。

是领导者和引起错误的政策的积极支持者不能豁免；武装部队的成员也不能豁免，不论什么原因，他们通常参与了战争，他们涉及犯下错误并阻止纠错。

现在我想说的是，随着身份政治的出现，正是这个正义战争理论的惩罚性版本走到了新式战争的前台。当然，这不能让人欣然接受。因为自卫性版本是如此深植于国际惯例，以至于任何似乎拥有合理理由的人都会展示他们的行动遵守了自卫原则，而否认对手拥有任何的道德正义来进行战争。然而，道德立场要比这均衡得多。因为，我认为在新式战争中，双方都依据自己的价值观衡量对与错，而不是通过任何跨文化的标准。凭借惩罚性理论，任何一方都认为自己具备固有的权威和适当的原因，并且主要根据惩罚性理论规定的路线来指挥战争。其他方面的行动看起来错误的原因在于，他们确实是通过自己的价值观进行判断。例如，在自己的眼中，正 *19* 是那些被确定为目标的无辜者正在追求可憎的而非正义的目的。只要角色政治不提供共同的框架，就不可能找到解决这种敌对行为的办法，对于他们所鼓动的战争规则也不会形成任何标准。

反恐战争？

让我们回到反恐怖战争。我们在新式战争中目睹的那一类恐怖主义不是某些表面现象，而是一种深层现象的特殊表现，从本书的主题中可以清楚地看到这一点。正是身份政治本身导致新式战争的参与者认为，恐怖行动或者其他暴行都是无可非议的。因为如果仅从角色政治的观点出发，参与者就不会有这种想法。然而，身份政治通常被用来调动对于特殊政治组织或政治同盟的支持。正如前面所提示过的，典型的例子是那些民族主义者群体，他们为了效忠国家而进行战斗——不论这个国家是现有的还是潜在的——正是国家借助已有的身份与个人发生关联，特别是当那一身份的特点在于坚持一套特定的价值观时，更是如此。一个间接提过的例子就是印度分裂一个特定的伊斯兰国家巴基斯坦建立。但是，身份政治往往通过已建立的国家力图巩固其支撑的方式来发挥作用，正如分离主义运动寻求建立新的国家一样。确实，当是否存在一个普遍的市民群体政治组织委任统治权的问题出现时，这已经成为当代政治的普遍趋势。

从狭义上分析，并不是民族主义者导致了这唯一的结果。人们通常不认为伊斯兰运动是民族主义式的，因为他们努力为穆斯林建立的政治组织，在范围上比民族国家更宽广，与民族国家不同，这种政治组织是基于宗教，而非种族或领土。然而，即使不希望动摇现存的国家秩序，一场政治运动可能试图培养出一种共同认同的感觉，以便以某一项事业为基础获得更多的支持。中世纪的十字军东20 征就是例子，在教皇权力之下设法利用共同的基督教身份去使地方臣服。美国主导的反恐战争——曾经被布什总统不留神比作是一场十字军东征——体现出一些相似之处。因此，正如我开始时所说，其目的在于，在对另一方的恐惧之下建立一个"文明"认同，并且暗示对方是野蛮的，必须阻止它在国家或类似水平上赢得、保留或控制政治组织。

当然，目的在于把尽可能多的人吸引到特权身份群体中来，不仅获得对于反恐联盟的支持，而且也确保得到持续的国家统治权，"国家统治权由那些被认为是服从于全部特权身份的人组成的群体所构成"。而且，存在一种方式，它不要求对某些特定价值观负责，除了以这种方式参与到身份政治模式之中以外，"不与我联合即是反对者"的主张则强迫人们进入到身份政治模式中。这一途径的危险性显而易见。一旦被迫进入身份政治模式之中，并且拒绝接受一个陌生的强加的特权身份，那么人们将会支持他们原来不曾有过的禁止的身份。毫无疑问，这正是好战的领导者的谋略。

　　然而，我认为，不论这是否发生，都已经造成危害。身份政治处于一个国家的冲突之中，一个群体的不满能够激发一个集体身份的形成，这就使得遵从表现旧式战争特点的准则成为可能。一系列新的期望可能产生，在这一过程中，恐怖主义可能经常存在，因为身份特征越深，不和谐的程度就越强，暴行就越可能发生，就越确信对方成为恐怖分子的行动的罪恶性。我认为，动员一个集体身份群体去反恐必然是要产生相反结果的。因为正是这种行动承认了一种政治模式，在这一模式中，恐怖行动不是一种反常现象而是一种正常现象。

　　在这一介绍性章节中，我坦率概述了一系列关于旧式战争和新式战争的特征比照。前面已经说到，现实要比如此轻松进行的战争二分法复杂得多。然而，阐述它们的关键在于提出相应的不同方式的作用，决定和指挥战争的参与者以这些方式为基准看待自我。我认为，这有助于我们把军事事件看成这样的结果，并由此去认识它们在特殊的社会实践方式中的地位。在旧式战争的案例中，这些实际情况对我们来说是熟悉的；而且，或多或少在某种程度上说，即使是在新式战争中己方人员也熟悉这些实际，但是部分敌方人员，因为我们不了解并害怕他们，从而不熟悉这些情况。

　　然而，如果我所描述的区别有这种效用，那么其必然有一些可能存在的实用性，至少就战争的某些方面来说我们通常可以发现问题，相对来说，我们不否认这一点。首先，就像前面所暗示的，自卫作为一种发动战争的理由，可能其主张比我的观点要有更多的扩展，因此我认为新式战争没有这个特征，这一观点不是无效，就是我们错误地以别的方式把很多战争归为新式战争。这是一个异议，并且我将在下一章中进行论述。其次，应当说我对于身份政治的说明有些不具同情心。各种身份群体没有充分的理由来拥有一个独立的政府吗？如果他们错误地否认这一点，这不会给他们提供一个正当的战争理由吗？第三章将会处理这个问题。最后，我非常赞成角

色政治，这一点可能会遭到非议。一些人可能说，双方都承认国家
在国内事务中有太多空间，并且在国际事务中太多地限制其他机
构。当我在最后两章直接以这种方法论述时，我沿着这种途径旨在
证明保留或返回角色政治的某些价值，无论现在是否可行。然而可
怕的是，旧式战争在伦理学方面是容易处理的，而新式战争则不是
这样。

第二章 自卫权

自卫战争

我在前面的章节已经说过,自卫正义战争理论允许开战的唯一 正当理由就是自卫。但是,到底何为自卫,这在原则上或现实中都很不清晰。① 然而,对集团冲突进行思考是有价值的,因为集团冲突在某种意义上比我们所提到的制度化战争更具本原性。在集团冲突中,一个团体攻击另一个团体,正如个人间的冲突一样,后者拥有自卫权。这里,一个团体所保卫的东西就像个人一样,是生命、自由、财产或其他东西,而且他们的自卫权是基于人们对这样一个事实的承认,即只要可能,人们将抵抗威胁这些核心目标的攻击。一个国家或类似团体对另一个国家或团体发动一场有组织的进攻,应该被视为是集团冲突的扩展,而且被攻击的国家基于同样理由也获得了战争权。

要不是我们以这种视角看待事物,我们必然会认为,一个国家的自卫权不是人们保护自己生活等方面的权利,而仅仅是与此类似

---

① 使我受益的精彩的论述,请参见苏珊娜·尤尼埃克:《自卫和正义战争》("Self-Defence and Just War", in D. Janssen & M. Quante (eds.), *Gerechter Krieg*, Paderborn: Mentis-Verlag, 2002)。

的权利，是体现为国家捍卫其领土完整和主权的权利。这是一种令人感到非常不满意的立场，原因如下①：第一，法律赋予一个人或组织去杀害一个攻击者，这种自卫权不应当是直接的意图，而是他们唯一的自卫方式。然而，可以进行类比，为什么领土完整和主权能够证明杀人有充足的理由？这一点是非常不清楚的。第二，可能会产生这种情形：对领土完整和主权的捍卫导致市民失去他们的生命或自由，而不是保护他们，而且这种交换的类比基础也是不清楚的。第三，为什么为了自卫就必然要进行武装攻击？这也是不明确的，因为有很多对于领土完整和主权的威胁并不涉及武装攻击，例如颠覆，这些威胁并不足以证明战争的正当性。

我们需要把对领土与主权的捍卫与自卫通过一种更密切的方式联系起来，而不仅仅是把捍卫领土与主权和捍卫生命与自由进行类比。更确切地说，我们必须把领土完整和政治主权视为常规方式的自我展现，在这一方式中，人们的生命和生活在国家范围内受到保护。政府在确定的疆界范围内，不受其他力量的胁迫，维持法律和秩序，这正是政府的功能，并以此保护人民的生命和生活。虽然法律控制系统不是领土性的，但在现代国家中作为保护市民的方式却是领土性的，因此任何对于领土边界的威胁都是对维持法律和秩序系统的威胁。同样，一个国家的政府进行高压统治就冒着不再有效彻底执行法律的危险。如果一个国家被攻击，那么对其领土和主权的威胁也是对其公民生命和生活的潜在威胁，我们可以想象，这些公民正在其国家享受着保障。

我认为，正是由于这个原因，即使不能表明市民的生命和生活得到直接保护，保卫领土和主权本身也能够被视为发动战争的正当理由，因为在国际秩序中，存在准许政府表现其本质功能的普遍规

---

① 佩斯·迈克尔·沃尔泽：《正义和非正义战争》（Pace Michael Walzer, *Just and Unjust Wars*, New York: Basic, 1992）。

则和权限。因此，当一些袭击是良性的时候，另一些必然是恶性的。不仅没有区别它们的原则方法，而且即使是在特定案例中，这些袭击对于部分人的影响也是不能预知的。例如，在第二次世界大战中，德国人对犹太教徒造成毁灭性后果是不易被预见的。但是，很大程度上，这些结果不是来自于战争中的攻击，而是来自于战争可能引发的行为，而且与战争中大多数进攻不同，成功的防卫或许并不能避开这些行为。

区别是重要的，但被一种观点弄得模糊不清，即认为政府应对外部和内部安全负责：前者是通过武装力量保护市民，反对外部暴力，而后者是通过法律系统保护他们，反对内部暴力。① 然而，维 *26* 系安全主要是保持一种社会秩序，在其中个人安全能够得到保障，虽然不是直接保护这种安全。前者的任务是防御来自于国外的造成威胁的力量，就像防御来自国家疆域以内的威胁社会秩序环境的力量一样。我认为，作为维系安全的可能依靠，自卫是通过保障公民生命、自由和生活的环境，间接保护公民的生命、自由和生活。然而，一个基本的情形是，当一个公民群体面对旨在杀害或奴役他们并掠夺他们领土的贪婪的攻击者时，直接或间接的防卫会合二为一。

国际上对自卫权的认识基础，很明显来自于这样一个事实，即国家有权保护本国公民而不仅仅是领土，在多大程度上延伸至在国外进行武装干涉，是一个存有争议的法律问题②，但不可否认的是，存在这种权利，就有理由防御性地动用武力。在恐怖主义袭击中，不论是在国内还是国际，正是普通公民被置于危险境地，并需要直接的保护。是通过法律体系的运作还是通过军事手段完成对公民的

---

① 比较 D. D. 拉斐尔：《政治哲学问题》（Cp. D. D. Raphael, *Problems of Political Philosophy*, London: Macmillan, 1976, p. 46）。

② 参见克里斯廷·格雷：《国际法和军力使用》（Christine Gray, *International Law and the Use of Force*, Oxford: Oxford University Press, 2000, pp. 108–111）。

保护，这是一个我们要回答的问题，但如果是通过后者完成的话，那么在正义战争理论的自卫性版本中，那些攻击被视为反对国家保护自己的行动，就像受到国内或国际的很多常规军力攻击一样。

正当权力

我已阐述过的自卫的理由也可以说明为什么次国家行为体也像国家本身一样，能够正当声称运用军队进行自卫行动以反对他们所在的国家。在两类情形中他们能够有资格这样去做。一是当国家本身被用来攻击它的公民，威胁公民的生命、自由或生活，而这些必须被直接保护。二是当一些或全部公民的保障环境受到国家行动的威胁时。我们会讨论这里涉及的各种情形，但国家两种环境（即领土完整和政治主权）之间的关系被认为是必不可少的，所以对它们的威胁就是对一个国家公民的间接威胁。这种间接威胁使自卫战争获得充足理由，而在国内形势中，通常没有被这样公认的条件。

然而，现在我们必须转向一个一般性的异议，即为什么允许次国家行为体在自卫性正义战争中可拿起武器反对国家。在任何版本的学说中，一场正义战争的首要必备条件是：它在一个正确的权力机构的指挥下进行，这一机构通常被一个国家的政府适时加以构建。以这个标准衡量的话，例如所有由分裂主义者发动的战争就都不具有正义的资格。确实，第一眼很难看出分裂主义者如何可能接受它作为战争的必备条件，因为他们可能已经习惯于自己进行正义战争，即使他们的对手就是国家政府。当然，他们可能回答说因为这不是他们所应拥有的政府，因此在通过武力反对政府的政治主张时，政府不能自我宣称是一个正确的权力机构。然而，这里有一个可能发生混淆的危险，我们必须加以澄清。发动战争的正确的权力机构与统治某些疆土的合法的权力机构是截然不同的两个概念。如果二者没有区别，那么国家间为了控制这一领域而进行的战争将自动包括在没有权力机构的情况下进行的战争，即一个没有合法权力机构的党派去控制这一不论是属于谁的领域——这正是二者之间的不同之处。然而，这并不是我们所希望得出的结论，因为不论其特定的领土要求是否正义，我们都宁愿战争双方都是在国际秩序下正当组建的国家权力机构。所以，我们必须区分这两种观点：一种观点认为，一个分裂主义团体有权力进行斗争；另一种观点认为，一个分裂主义团体的国家对手缺乏合法的权力进行统治。

这里，把现代自卫正义战争理论中权力机构进行战争所运用的方式与旧式战争理论中的论述进行区分是重要的。在基督教起源中，将进行斗争的权力授予王子，因为他们被期望得到来自上帝的掌管正义的权力，而且战争本身代表了通过惩罚错误行为者来释放正义的含义。比较而言，在自卫理论中，斗争权力来自于战斗者被置于一种保卫领土和人民的社会地位，因而发动战争可能是必要 *28* 的，正如在前面的篇章中解释的那样。很明显，一个国家的政府通常被置于这样一个地位，尽管也有例外，例如一个弱国在一个较为强大的、许诺保护它的国家之下作战。那么，正是自卫的需要使战争中的正当权力得以产生。但是，解释战斗权为什么应该被授予某些个人或组织的理由，并不能说明这类人或组织应该是怎么样的——用我们所喜欢的术语说，他们的角色应该是什么。

战争权涉及两个方面。第一个方面是那些战斗者应当在有效控制之下，以便战争准则（特别是那些被设计用来保护公民的准则）能够得到遵守。战争的危险总是无限制的和激烈的暴力，这种暴力只有军事纪律和政治控制能够制止。只有有责任感的政治家才有能力去斗争以确保这种危险不会成真。国家通常有方法去这样做，即通过一系列命令支配一支正规军使其行为向政府负责。可以说，一个有一支或多或少超出其控制范围的军队的国家政府，缺乏与国内对手进行战争的权力，这样的一支军队也必然没有权威。因为正是政府对公民疾苦负责，也只有政府被市民寄予希望能够把他们的利益放在心上。非洲和其他地区的很多冲突都证明了不受约束的军事力量和无力的政府的邪恶。当一个国家的民众通过自卫反对武力进攻的时候，往往证明这个国家缺乏通过正当手段实现权威。在这种情况下，唯一可以接受的重建和平与秩序的方法就是邀请外部援助，这样能够使冲突危险国际化。这种方法我们会再行论述。

造反者是否拥有一个可以接受的权力架构来确保战争行为的正当性呢？毫无疑问，他们往往没有，而且反国家的造反者可能因此部分干扰了规则，把他们的敌意转嫁于没有任何军事目的的平民身上。但是，在政治层面或军事层面，造反者也未必就肯定缺乏阻止这种情况发生的权力架构。在自卫理论中，能够给予造反者以正当权力的往往是他们位于这样一种关系中，即一种类似于稳定的有效政府与公民之间的关系。尽管现实中有很多障碍，但原则上不存在他们拒绝这样做的原因。障碍之一可能是宣称代表一部分群众的组织的扩大，这些组织可能为了霸权而竞争，甚至在内部竞争中诉诸暴力，因为正确的关系将要求这个群体组织去保护民众并且提供治理，但如果很多组织都为了他们的忠诚而竞争，那么一些事就不能完成。

这带给我们正确权力的第二个方面，这独立于第一个方面。一个正确的权力机构必须能够控制其军事力量的原因在于确保他们的行动只用于战争目的而非其他。权力的第二个方面在于存在一个职责去决定进行战争，也就是说去决定一个权力机构这样做的目的是否会是适当的。在自卫理论中，这样的目的可能需要适应于一些群体进行的自卫。除非一个人为这类组织做决定，否则她不会占有政治家或政治领导者的身份，或是为了不正当的目的使用角色资源。有人通过赋予权力的形式占有身份，这种情况只有在她具有与她所代表的民众有正确的关系的时候发生，她为了民众的利益做决定并且承负民众的利益。这并不是说她需要来自民众的授权。① 人们可能不同意他们的领导者做出的决定，但他们必须相信他们的领导者做出的决定有其正确的理由并且预期的结果是为了服务他们。在没有这种信任的地方，例如在刚果，政客们发动战争是为了使他们自己富足，这样他们就缺乏正当的权力。

　　有些人坚持认为，不是为了确定的政治目的而采取的暴力行为根本就不是战争。② 当然有一些问题，例如，"如何从有利于道德和法律持续的、真正的革命者的角度区别土匪和歹徒"③，但这有利于根据被涉及的群体而不是根据他们行为的目的寻找一个答案。"战争"，根据这类观点，"是由政治单位（political units）发动的有组织的暴力以相互反对"④。而且，构成政治单位的是它与其他人的关系——事实是它以民众的名义行动，即使其领导者的目的是自私的，是对民众信任的背叛。这就允许我们把没有确定的政治目的的暴力视为战争，即使当它是"盲目的、冲动的或惯常的"时候也是如此——在新式战争中更为适当的一个描述是：这种暴力与人类学领域中的仪式性的部落斗争一样。⑤ 然而，它仍然不同于"暴乱、孤立的和零星的暴力行动，以及其他类似性质的行动"，国际法否定了这些暴力行动是处于交战状态的情形，因为其不是政治单位的 *30*

---

　　① 佩斯·威廉·V·O·布瑞恩：《以色列和巴解组织战争中的法律与道义》（Pace William V. O'Brien, *Law and Morality in Israel's War with the* PLO, New York: Routledge, 1991, p. 290）。

　　② 例如，D. P. 莱克：《战争与和平的伦理学》（D. P. Lackey, *The Ethics of War and Peace*, Eaglewood Cliffs: Prentice Hall, 1989, p. 30）。在我的书《恐怖主义、安全和民族性》（*Terrorism, Security and Nationality*, London: Routledge, 1994, p. 30）中我犯了同样的错误。原书书名有误，将"Nationality"误写为"Nationalism"。

　　③ W·L·拉·克劳克斯：《战争与国际伦理》（W. L. La Croix, *War and International Ethics*, Lanham: University Press of America, 1988, p. 256）。

　　④ 海德勒·布尔：《无政府社会》（Hedley Bull, *The Anarchical Society*, Houndmills: Macmillan, 1977, p. 84）。

　　⑤ Ibid., p. 186.

行为，而是非组织的人群或帮派的行为。①

　　然而，从事战争的政治单位必须是正确的类型。人们倾向于认为政治单位必须是现实的或潜在的政府，它关注领土和它的人民。但是这就排除了一些组织，像墨西哥的萨帕塔主义者，他们只不过希望改变关于恰帕斯州农民的政策，或像在马其顿的阿尔巴尼亚暴动者，他们仅仅要求文化权利。这也排除了中世纪贵族之间的次国家战争。尽管主要的政治力量存在于这些贵族国家，但贵族并不寻求控制任何现代意义上的事物，他们的行为恰恰是正当权力机构的正义战争所制止的行为。或许我们应该更准确地说，涉及战争的单位是政治性的，这种政治性的含义在上面提到过，就是存在一种代表他人的关系，而且涉及战争的单位必须是在一个领土范围内凌驾于人民之上的实际的或潜在的政权。那么，无论战争被用于什么目的，无论其以什么形式出现，战争都是为了寻求权力的武装对抗。根据这一观点，政权的合理性取决于权力集团与人们的关系，这种关系决定了政权的种类，正当的政权所具有的实际的和潜在的权力应当有着正确的形式，为了正确的目的。

　　有人认为拥有正当的权力进行战斗有时候并不是依靠一个领导者与她所代表的社会的关系，而是依靠她在国际社会中的地位，她与她所遵守的法律的关系。② 这种观点乍一看从头到尾都是限制性的，使非国家行动者丧失了拥有正当权力的资格。但是如果我们把这种观点视为一种描述某人担任领导者的角色，以对群体自卫负责所需具有的必备条件的话，我们就能看到其给予她一个相对于其他领导者的确定的位置，不论是国家还是次国家组织的领导者，因此她的行为是完全可以预见和做出解释的。如果不是一系列联盟的政

---

① 《日内瓦公约》(1977)，草案 1，条款 1—2，引自莱克：《战争与和平的道德规范》(Lackey, *The Ethics of War and Peace*)。

② 比较 A. J. 考特茨：《战争伦理学》(Cp. A. J. Coates, *The Ethics of War*, Manchester: Manchester University Press, 1997, pp. 126–128)。

治家之间的关系的话，协商等事宜是不可能进行的。然而往往战争 *31*
的指挥与这种关系相联系，这种关系以确认满足正当进行战争的权
力的条件为基础。我们将转到下一个议题去看看这些条件是否能够
在新式战争中被谈到的正义战争理论（即权力应该取决于统治者的
理论）所实现，还是说有一些例外。

诛弑暴君

在传统正义战争理论中，在特殊环境下，有时允许臣民反叛他
们的统治者，甚至个人可以为了民众的利益杀死统治者。这种环境
是：统治者已成为暴君，压迫他的臣民而非保护他们。在这种形势
下，统治者变得像一个外部侵略者，似乎他不正当地侵入这个国家
一样，而不是合法统治者。只要正义战争的其他条件具备，他便有
可能被反对他和他的军队的军事力量废黜或诛弑。统治者自己丧失
了消除反叛或弑君的斗争权。确实，在一些理论看来，是暴君自己
用武力代替法律，成为"彻底的反叛者"，因为正是这些暴君公然
反抗权威。[①] 但这是一种堂吉诃德式的惯用法。反叛者（在通常意
义上说）或弑君者代表人民，替代暴君，"代表社会，保卫共同的
价值观，反对公认的暴政"[②]。反抗对于弑君者来说是非常可取的，
因为造反者通常来自于政客阶层，拥有支持他们的公众，并被认为
是为了公共利益而采取行动。但弑君者有其个人目的，而非完全是
为了结束对强权的滥用并重建司法规则，这要承担巨大风险。

这类观点所阐述的含义在于：正义战争理论产生的合法统治权

---

① 约翰·洛克：《政府论（下）》（John Locke, *Second Treatise of Civil Government*, many editions, 1690, sect. 226)。

② O. 贾兹、J. D. 刘易斯：《反对暴君》（O. Jaszi & J. D. Lewis, *Against the Tyrant*, Glencoe: Free Press, 1957, p. 91)。

和战争权的密切联系。正如我前面所说，两者不是同义的。然而，不论对于拥有权力进行统治的其他因素是什么，从广义上说，进行统治的政府自身应该是正义的。也就是说，它应该在一个公正的法

32 律体系下运作，而不是通过专断和强制的行动来维持。一个残暴的政权已经背离了这些要求，并且丧失了它所压迫的那些人赋予它的权力。同样，它也丧失了为他们的权利进行斗争的权力，因为这样的权力取决于这样一个假设：政府将保护民众。当这一假设失效，政权苛刻地对待民众时，政权本身将会受到攻击。在这里，有一个压迫程度的问题，但是我们可以确定地说，致命武力被用来强迫民众以实现暴君的愿望，等同于侵袭，这个暴君也就丧失了权力去抵抗民众为了自卫而进行的武力反抗。

斗争权和统治权的关系反映在这样一个情形中：一个武装组织必须履行保卫受压迫的民众的责任。只要它是为了民众的利益而行动，持续地给民众带来和平与安全并得到认可，那么它就有权与民众发生关联。按照自由主义理论，它并不必须具备民众认可所提供的"合法性"。民众认可什么才具有合法性，这是更进一步的问题，并且存在争议。但是，一方面是根据已经阐述过的方法代表一个民众群体，而另一方面是按照民众的利益来行动，并将其作为权力和合法性的必要条件。更确切地说，那种被要求的关系是一种赞同这类力量的关系，即一个潜在的政府将行使这种权力，并表明使用它的目的。正如前面所讲，所涉及的这类力量必须是通过法制管理而得到实现的，必须是符合宪法的力量，而非专制和压迫的力量。在这个范围内，军事力量只是对法制管理的补充，只能用于保护一个空间，可以维护这个空间的司法，抵抗外部侵略和内部侵犯。使用军力的目的必须是为了促进其所代表的全部民众的利益，而非部分民众的利益，更不用说是为了潜在政府被吸引的那部分民众的利益。但是它必须在国家间关系的范围内得到运用，正如我们看到的，防止侵略另一个群体。

正义战争理论的经典形式假设：在任何特定国家中，仅仅有一个单一的民众团体，因此如果国家政府变得残暴，那么就是对所有民众的压迫，并且会得到一个来自所有民众的反应。然而，这丝毫 33 不是那种形式的例证，那种形式表现了很多现代战争的特点。把它们与可以肯定地作为旧式战争化身的传统革命理论相区别的，就在于它们包括局部叛乱。其原因往往是这样一个事实：只有国家民众中的一个特定部分被政府压迫，或感觉自己被压迫。因此，科索沃暴动的原因在于占人口多数的阿尔巴尼亚族人感觉被代表塞尔维亚族人利益的政府所压迫。同样，东帝汶的脱离也是由印度尼西亚政府的行动所引发，在这个事件中具有明显的压迫少数民族的问题。例证可能还在增加。在所有这些例证中，压迫是有选择性的，其他国民受到正常对待，因此他们没有理由抱怨。

对于这类形式，我们必须弄清，其是否像经典正义战争理论所指的有选择地实施压迫的政府已经失去了其遍及全国的合法统治权。可论证的是，其取得权力的资格是否依靠它对于具有公民身份的人的权利的支持。作为公民，没有一个人愿意去服从它的命令，因为这些命令不是公正地产生的，与法律也不一致。确实，它仅仅以这种方法对待部分国民，也使得其道德处境变得更坏而非更好，因为它由此展现了它的不公，也展现了它不能遵守正确表现政府职责的规则。这个观点的必然结果就是，需要改变政权以采取一个更为开明的方法，而且这恰恰是外部观察者经常在已爆发战争的地方所宣称的，确定进行选择性压迫的政权在其领土的任何地方都缺乏统治权，并且要求推翻这一政府。

我认为，这种描述过于简单。领导者也许能够起到尊重本国民众的作用，但不能对其他国家的民众也担负这种角色，正如一个人能够对自己的孩子履行父母的角色，却不能对他人的孩子也履行这种角色一样。即便这样，如果领导者偏袒一部分国民，甚至对另一部分有某种程度的敌意，我们也不必惊讶。他们正在非常错误地行

动，并且已经不能在其必要范围内履行他们的职责，就像有些父母
所做的一样：偏爱一个孩子而虐待其他孩子。但是这也不是说领导
者完全不能履行其职责，因为她确实对一部分她所尊重的国民尽到
了责任。

现在，如果这仅仅是一个人或一个群体做出的不正当的行为的
一个孤立的案例，那么政权的改变可能是比较好的补偿。然而这不
可能是我们所考虑的那种案例。因为，继承权力的领导者可能反映
的是占统治地位的那一部分人的普遍感情，也正因为此才获得了权
力，正如米洛舍维奇通过明确地反映塞尔维亚人的感情增加了权
力，而不管对于促进整个南斯拉夫人的利益的职责。在这些环境
中，一个政府的选择性压迫可能吸引并且确实依靠占优势地位的多
数人的共谋。在那种案例中，仅仅通过政权的改变是否能够保护受
压迫的少数民族也是不确定的。可能需要宪法的改变，在不能受到
保护的单独的国家中进行授权，这是分离主义者所要求的。

因此，我们不应该接受这种观点：造反者反对选择性压迫并进
行公平的斗争以重建这样一种现状，即人们的权利不被侵犯，就像
造反者按照经典正义战争模式行动一样。他们为了宪法的改变而斗
争，而且可能具有战斗权，这一权力来自于对他们那部分人的保
护，而不是对整个国民的保护。同样，我们也不应该有这种结论：
稳定国家的政府已经完全丧失了权力。它仍保留它在这一地区依据
法律的管理权而在其他地方丧失了这种权力。然而，这带来的结果
是：它保留作为一个政府的斗争权，以便针对一个压迫性政权的分
离战争能够具有国际冲突的特性，在其中双方都有正当斗争权。

分　裂

造反者发动一场分裂战争来反对一个压迫性政权，这可能不仅

有正确的斗争权,他们可能也满足了理论上所强加的具备斗争权资格的其他条件。他们可能有正确的目的,即和平与安全,而且把武力视为最后的解决方式,带有成功的良好希望,也没有造成不成比例的坏影响。最后,也是最重要的一点,他们可能也有一个正当理由,因为在正义战争理论的防卫版本中,正是自卫提供了这一理由。我已经指出,在所处环境中,人们可能除了分裂以外没有办法获得一个应有的和平,因此,分裂并不是某些进一步逾越和超出自卫的目标。对他们来讲,分裂是必须要实现的,以便进行有效自卫。只要一个分裂的国家或者至少是一个自治的区域,能够保护他们免遭残酷的压迫,那么这样一种分裂就是他们的一种权利,也是正义的,因为他们有自卫权。如果对于他们的自卫确实必要的话,那么相同的观点也适用于另外一些政权构成的改变情况,例如与其他国家进行合并。

我将把起因于这种种情况的分裂权称为一个"依照环境"的权利。① 把分裂严格区别于组织,特别是与国家组织经常宣称的"系统"权力的分裂权相区别,是十分重要的;也就是说,这一权力不是来自于组织所处的环境,而是来自于组织的种类,例如一个想象中的国家组织。如果它存在,这样一个权利的系统性在于,其来自一个关于国家系统如何被正确设计的观点,例如,这样一个系统,在其中每个国家都有一个分裂的州(具有一些共同的作为一个国家的地位的特点)。一个系统权利可能来自于一个适当的有自主权的组织。在第三章,我将分析这个所谓的权利,当然,因为它是很多新式战争的特征,这些新式战争由具有民族性质的群体或其他群体发起,被已有国家所反对。但是,在这里,自卫和国家自主对于正义的分离是完全不同的范畴,明白这一点非常重要。

① 比较艾伦·布坎南:《分离》(Allen Buchanan, *Secession*, Boulder: Weatview, 1991, pp. 27–81)。

这一点容易被忽略，因为分离主义者们通常为了两个原因而斗争。确实，在典型的受压迫群体和一个宣称为了这个特殊群体而服务的国家之间经常存在一种联系。这可以适合两个方向。一个方向是，一个国家的一部分国民可能被歧视或者更糟，因为他们被分类，被一种假设是正义的、不同的方式差等对待。这种分类可能导致集成一个原来不存在的等级和力量的认同。歧视可能产生一种共同困境的共有感受和一种重要的群体团结。这些是国家意识的因素或者类似的东西，而且也由此引起自卫的需要。类似的事情已经发生在南斯拉夫，那里的人们原来只是把自己视为南斯拉夫人，后来当他们发现自己被分类并且开始歧视他们的邻居的时候，他们被迫视自己为克罗地亚人、塞尔维亚人、波斯尼亚、穆斯林等等。这导致一个结果，即起初小范围的民族主义变得强大，不同的群体感受到在他们国家的部分地区受到压迫，与其他地方占多数的同族人产生了共同的目标——而其他人普遍没有。

在另一个方向中，压迫能够导致一个明显的群体自我认同的发展方式，特别是与自主的需要相联系时，因为压迫可能对统一，甚至是对国家的领土完整造成威胁。压迫性手段或是通过愤恨和否定他们所宣称的情形的反映，或是作为镇压反抗的有准备的政治手段，被用来反对群体。然而，就我们现在的目的，至少是政治目的而言，我们必须辨别旨在进行同化和由此抑制人们作为一个独立群体的自我辨识的压迫形式；辨别那些旨在排外的压迫形式，即承认这个群体身份，或通过政治参与或通过国家整体设法排斥群体成员，这种限制的例子是种族屠杀。前一种类型的例子是现在土耳其对待库尔德人——或"山地土耳其人"，土耳其更希望要求他们拒绝承认他们的分裂身份；后一种类型的例子是历史上对待亚美尼亚人，可能因为他们的分裂信念，他们似乎已经被认为是不可同化的。当后一种对待明显比前者牵涉更糟糕的暴行时，两种类型都能够导致对人们足够严重的压迫，他们必须保护他们自己以便过上较好的生活。

确认可进行武力反抗的压迫程度与不可进行武力反抗的压迫程度之间的界限是一个困难的问题。然而,重要的是了解反对残暴统治的、被正义战争理论所允许的自卫的类型:保护个人免遭暴力攻击,或其他可以证明的对他们权利的严重侵害,例如强制迁移、拆散家庭、剥夺生计等等。根据对正义战争理论的自卫性的理解,这不是把他们作为一个需要被保护的群体进行的攻击,而是把他们作为正当反抗的公民的权利的侵害,因为他们作为一个分裂群体而存在并不是仅仅作为国家公民拥有权利这件事本身。而他们作为一个单独的群体的存在是对借助于为了民族自决而不是自卫而进行的奋斗的考虑。然而,当人们作为一些群体的成员而被压迫时,这些原因容易被混淆。于是,他们既会作为个体遭受伤害,同时,作为把他们连结为一个群体的文化制度和习惯——他们的教会、语言或其他——也将受到攻击。

当一个群体确实诉诸武力来推行其自主的要求,那么国家将很有可能不仅镇压其战斗部队,也会反对被视为士兵来源和包庇士兵的普通民众。无疑,国家将坚持它仅仅做镇压叛乱和重建领土范围内司法秩序所需要的事情。在这里我认为,可能出现这样一种情形:造反者一开始没有而后来拥有了保护人们反对压迫的正义理由,恰恰是因为现存国家的反应违反了战争规则并且把人们置于一种需要造反者保护的境地。国家将宣称它正在指挥军队镇压作为反叛者的少数民族,在一定限度内,国家有权这样做。但是,如果在现实中出现严重的暴力被用来镇压作为群体成员的人时,这种宣称将是可疑的。冷歧视(没有暴虐的歧视)也许只是国家的谎言,尽管很难判断事实真相。但是即便没有暴虐,一些针对军事形势所采取的过度措施以及针对平民的任意行为,都只能被解释为本质上就是针对少数民族,而非针对反抗群体的行动。在这种情况里,反抗者获得了之前没有的正当理由。

37

对国家来说，教训在于他们不应该因这种方式被激怒，即使分裂主义叛乱者的策略就是设法引出这样一种反应。他们必须持续以对待其他公民一样的平等条款对待反叛的国民，即使他们宁愿不获得这种平等，而且，这也暗示存在一个对于他们来说比切实被战争法所赋予的更大的福祉。至于那些要求被作为一个独特群体的人们，其他为他们谋利益的行为恰恰就是这样对待他们。前面已经提到，这是一个陷阱，其中南联盟政府因为强迫阿尔巴尼亚族人离开而倒台，作为反应，科索沃解放军叛乱，形势是复杂的，双方的半自治非正规军队开展军事活动，遭到外国军队轰炸，造成恐慌。在这类形势中，国家代理人没有通过推动身份政治来满足其角色的要求。相反，当身份政治开始时，造反者能够通过为了保护人民而进行斗争来获得一个受到认可的角色。但是，正如我们不断强调的，这样一个角色需要严格的实现条件。我前面提到过，即使造反者有一个他们需要的正义理由，除非已准备好接受角色条件的束缚，否则他们仍旧缺乏适当的权威性。身份政治家及其军队可能不完全是这样，而是像他们所受对待一样去对待他们的敌人。

分裂战争可能是旧式战争，也可能不是旧式而是新式战争，因为战争可能是在现存国家和分裂主义者之间展开，双方都是根据对其所代表的民众的利益的感知而行动。政治家可能不适当地行动，而没有履行他们的角色，因为他们的角色被身份的考量所扭曲。不能尊重角色要求的原因可能出自其他源头。就那些代表现存国家的人而言，他们对少数民族的压迫可能源自于这样一种误解：国家利益超越宪法规则的约束。对代表少数民族的人而言，他们寻求分离，可能不是为了结束压迫而是仅仅为了提升局部利益，为了再次找到这样一种超越宪法约束的利益，而这种追求是一种权力滥用。军队也能够因为不同于身份政治热情的原因而恶意行动。只要存在冲突，而且冲突中的行动者依旧保持他们的角色，那么即便他们无视角色的要求，我们也无法找出冲突中所具有的新式战争的蛛丝马迹。而且，重要的是，他们仍然可以通过提及旧式战争中的政治家和士兵的角色要求，对他们的行为做出解释。在新式战争中，这样的标准日渐失去它们的功用。

圣 战

我将通过考虑一个疑难案例来阐明由次国家行为体为了自卫而 *39* 发动正义战争的可能性。2001 年 9 月 11 日，世界因美国四架民航飞机遭劫持而震惊，四架飞机中的两架撞向纽约世贸中心的双子塔，造成巨大的人员伤亡，还有一架撞向五角大楼，第四架在乘客与劫机者进行搏斗后坠机，全部乘客遇难。毫无疑问，这些行为是对战争规则的粗暴践踏。然而，劫机者所认为的反对美国的战争行为的合理假设能够使次国家行为体发动这样一场战争具备正义性吗？换句话说，他们拥有诉诸战争权（jus ad bellum）吗？

这种问题看上去令人生厌，但它们需要被严肃地提出，因为暴行的制造者似乎拥有一个理由，如果不是为了这个理由那就是凭借类似的理由而行动。这些行动被伊斯兰革命组织所执行，原因在于美国从事压迫穆斯林的行动，例如对伊拉克进行轰炸和经济制裁，对其他从事此类行动的国家给予物质支持，特别是给予占领巴勒斯坦领土的以色列以支持。伊斯兰组织宣称为保护受压迫的穆斯林而战斗。① 如果是为了那些人的利益而战斗——比如巴勒斯坦人，他们受到其所宣称的非法方式的压迫，其他人能够通过与他们结盟而获得一种正义的理由，那么他们将满足进行正义战争的条件。在任何普通结构之上，他们不是为了自卫而行动，不像一些巴勒斯坦人自己发动针对以色列或以色列人的攻击。因此，至关重要的问题变

---

① 参见本·拉登的宣言，摘自 ch. 1, fn. 8。

为：一个团体是否有适当的权威去发动战争，他们是否有正确的目的。为了论证，我们可以假设：他们认为其他条件被满足，即战争是他们最后的一种解决方式，与进一步遭受压迫相比，战争的成本是合算的，而且，有防止压迫产生的好机会。当然，所有这些都是非常有争议的问题。

很明显，即使发动针对美国的攻击的伊斯兰组织被藏匿，甚至某种程度上是由国家赞助，但他们本身并不是政府组织。如果他们是组织，那么有一个情形，即他们是有权力进行斗争的一类组织，唯一可能出现的问题在于，他们是否有权力凭这一理由进行战斗，我认为，只有他们与那些有自卫权的人结盟，才能获得这种权力——这一问题我会在后一章进行论述。但是，如果他们不是政府组织，也不是那些感觉受到压迫、着手改变处境以防止压迫的人的组织——例如在巴勒斯坦，试图建立一个国家——那么他们宣称代表受压迫的人民，这种主张的性质是什么呢？

显然这种主张似乎完全没有根据。明显的，不是为了那些宣称从事反美军事行动以求自卫的人的利益；那些人可能能够承认这一点，从而不信任那些伊斯兰组织。确实，他们没有显示特殊的兴趣以保护这种信任，似乎将在没有这种信任的情况下持续他们的斗争。而且，他们甚至有可能为了更大的目标而去牺牲那些应当被保护的人的利益，这标志着他们不适合代表人民。他们可能获得的权力将为了统治利益而被限制于履行宪法的范围内，这也是不清楚的。通过对权力的这些测试，伊斯兰革命组织看来不够格。他们不能根据这样一种方式行动，即人们信任他们所做的判断和如何为了他们的利益进行战争。

实际上我们已经注意到，其原因在于他们发动战争的目的没有限定在保护那些直接受到伤害的人并带给他们正义与安宁。然而，在这里我们需要谨慎一些，不能仅仅因为他们有其他可能正当的目的而谴责他们的斗争。因此，没有充分的论据反对爱尔兰共和军宣称他们是为了一个统一的爱尔兰而战斗，当他们的直接目的是保护天主教徒免遭新教徒发动的攻击。① 决定相关目标正当性的因素在于，其所掌控的行动是否属于能够正常被采用以保护民众并最终提供给他们安全的行动类型，而不是为了追求其他目标而使民众暴露于更多的危险之中。根据这个标准，正如我前面所述，军事伊斯兰 *41* 主义者似乎是不够格的。确实，他们的自杀攻击战术虽然作为殉教来说无可厚非，但他们进一步的目标严重超出了自卫的本质——保护个人生命。

这些结论的问题在于，它们似乎没有触动伊斯兰革命者关于什么给予他们战斗权和什么使他们的目的具有正当性的观念；当然，这也引起了关于正义战争理论跨越文化界限的适应性问题。穆斯林宣称权力是基于穆斯林有进行圣战的责任，包括保护穆斯林兄弟。任何人以这种方式保护穆斯林都将获得战争权，而且权力源于《古兰经》律例里面所揭示的真主的愿望。事实上存在这样一个假设：攻击一个人就是攻击了所有人，穆斯林以此证明他们的团结，因此这种保护也是一种实质上的自卫形式。但是，其目的在于巩固伊斯兰教自身，所以加强穆斯林的团结完全是圣战的另一个方面。

从表面判断，所有这些似乎都打开了私人战争的危险门路，而这是正当权力的规范所力图避免的，而且，我们一直以来目睹了伊斯兰武装组织的扩散以及他们多变的战略战术。那么，为什么《古兰经》关于团结和自卫的指令必然导致这样呢？原则上似乎没有理由解释为什么受压迫的穆斯林的自卫责任不应该被主要的伊斯兰国家所承担，与那些保护自己反对压迫的人结为联盟。尽管有时候会引起干涉别国国内事务的道德问题（对此我们将在第六章进行讨论），但至少使这些冲突超出了私人战争不可控制的范围之外。因

---

① 参见我的《正义战争：理论与应用》，载《应用哲学杂志》（Just War: Theory and Application, *Journal of Applied Philosophy* 4, 1987）。

为，那些涉及协商和仲裁的国家，往往在诉诸战争前可能已经精疲力竭了。这种联盟也无任何新鲜之处，因为整个 19 世纪，基督教当局都在行动，以保护那些看上去受压迫的土耳其帝国中的基督教国民。提供这种选择性援助，是一种相应的、可能是不可避免的国际关系中的实事。没有任何特殊的伊斯兰文化涉及于此。

当然，这种行动是身份政治的证明，在这种情形中穆斯林具有共同的身份，尽管在刚刚提到的各种例子中，其通过角色政治来调和并通过国际准则的应用来控制。这种调和的成果在于不是根据身份本身来干涉权力构架。因此，伊斯兰组织宣称的仅仅根据共有一个身份并且只是由于为了同教中人的利益而战斗从而获得权力的说法被否定。因为，采取的是一种默许的一致目标，甚至是一种对于方法的一致认可——一种假定，具有军事身份政治的特性，它把那些既定的身份引入小型组织所决定的军事行动的进程中。

这产生了对于军事伊斯兰主义者发动恐怖战争的目的的争论。目的似乎主要是在一个共同国家的范围内在共同的掌控之下带给所有穆斯林一种泛穆斯林主义概念。有时候这已经作为反对把宗教作为民族身份的国家基础而被构建。但是，将其视为不同民族主义之间的冲突也许更好。正如一位评论员写到："在传统和不成文的伊斯兰规矩之下，不能有这样的事情：一个独立、有主权的伊斯兰国家从伊斯兰世界分离出去，所有伊斯兰国度是一个单一国家。"① 这就把伊斯兰军事人员的目的稳固地置放于共同传统之上，正如西方的民族主义者寻求一种基于某些共同民族身份的国家状态一样。因此，它们可能是一种合理的政治雄心，对此我们将在下一章继续研究。但是，它不是一个服从于防卫性正义战争理论下的正义理由。它是否提供战争的充分理由，取决于与我们的文化截然不同的信仰。

---

① 托马斯·凯尔南：《阿拉伯人》（Thomas Kiernan, *The Arabs*, London: Sphere, 1975, p. 200）。

国家的反应

可是，一个国家面对次国家行为体的暴力所做出的反应是：它没有保护其公民的责任，特别是保护他们免遭这种直接的军事攻击吗？例如，与我在第一章论述的战争特性相反，不是美国在"9·11"暴行之后进行反恐自卫战争吗？正如我前面所说并将在后面继续阐述的，在关于国家如何履行保护其公民的确定责任方面有很多疑问：对袭击者进行军事打击仅仅是一种追索权。然而，有时候它们不是一种适当的自卫手段吗？这是毫无疑问的。然而，重要的是尝试把这样一种自卫反应的特征应该是什么讲清楚，并且将其与其他不能够被单纯看作是自卫的反应进行比较。

我已强调过，自卫的关键是直接或间接地保护生命、自由和生计。目的是为了重建一种和平的形势，在其中所有公民能够安全和有序地生活。政治家的任务是为了自己的民众而去执行那些能够产生上述结果的政策，同时承认其他地方的政治家具有同样的职责。因此，至关重要之处在于：当运用其他方式无效时，军事反应是实现上述目标的有效方式；而且是进行适当攻击的有效方式，即严格合乎为实现目标所作的反应而不会造成更多伤害。当关于被特定国家或国家联盟在特定时间所采取的对于攻击的反应政策的结论必然引起争议的时候，正是通过对它们进行评测来反对这些进行判断的尺度。确实，尺度本身的性质被清楚地揭示。

因此，我们必须首先问的是反恐战争是否是最后的手段。我们特别需要追问的是，一方面，非军事手段是否同样能够给美国人带来安全，另一方面，外交手段，包括处理那些伊斯兰激进分子可能享有的合法关注，是否同样可以减少来自伊斯兰激进分子的威胁并且逐渐销蚀他们的支撑。这类政策无疑会带来行政成本，特别是采取这类政策会使政府显得软弱无力，屈从于暴力且无法使焦急的民众安心。但是在这里，对于安全的真正威胁在于必须谨慎地区分对于一个特定政府的政治命运的损害，而且进行这种区分正是政治才能的本质，并且仅被前一种考虑所驱动。发动反恐战争是否是自卫的最后手段是不清楚的，或者，反恐战争是否是惩罚那些攻击美国的人而应采取的最后手段也是不清楚的。

其次，我们应该考虑战争是否是恰当的反应。在这里，我们不能仅仅关心战争中的各种战役是否已经或将会比恐怖袭击造成更大的人员伤亡，因为同态惩罚法（the lex talionis）的应用与战争的自卫目的毫不相干。[①] 然而，我们应当考虑的是进行自卫而获得的利益是否超过各方参与战争的耗费。注意，各方的耗费都必须得到评估，尽管一个政治家的责任是对自己的民众负责，但他必须留意他的行为对其他人造成的后果，而他的政治同行也有类似的责任。因此，发动一场自卫战争却把其他人暴露于巨大的危险之下，这是不可接受的，除非这样一场战争是防止自己的民众受到灾难性后果的唯一方式。

在这里没有一个先验的标准去决定什么是可允许的。从广义上讲，这是由其他国家对于一个特定政策的反应所决定，不论是建议还是付诸行动，不是通过外交渠道就是通过军事行动本身来展现可允许之物。因此，可以论证，作为对西方利益的公开捍卫，反恐战争已经打破了很多主要伊斯兰国家潜在的灾难性后果。这种效果是否恰当也不过是个无实际意义的问题，但是重要的是西方政治家必须去考虑。然而，并不是说由政治家们去决定一般由什么来代表民众的利益。就其角色而言，政治家应该合理寻求代表自己国家的利益，但在这样做的同时必须避免给其他国家造成某些影响，这也是由他们的职责决定的。问题在于，西方政治家是否根据他们对于世界秩序的设想合理限制对其角色的发挥；或者他们是否在一千年来

---

① lex talionis：以牙还牙的报复法。

这种设想的影响下已经减少了反恐战争的短期效果。

深入思考的最后一个方面是有效性：必须有一个合理的前景，即战争以直接或间接方式保护民众的目标可以达成。在这里，至关重要的是，公开追求的战争目标能够服务于这个最终目的。反恐战争的问题在于它的目标似乎太过野心勃勃以至于不能达成。恐怖主义作为一种抵抗手段应该被彻底和永久地消除，这一目标几乎不可能完成，就像为了达到合理的自卫程度或达到个人安全的合理程度 45 而要求消除一个国家所有的犯罪一样没有必要。区别对待两种情况是重要的，尽管存在法律和秩序体系，但对各种违法乱纪者，还必须定期采用强制措施。不管维护公民个人安全的特定效果如何，动用军事手段防范攻击行为仍属纯粹的实用性反应，它不是确定的程序的一部分，无论是对规范国家间关系，还是对处置国家内的反叛者来说，都是如此。

从最后一点来看，必须仔细地将战争的有效性与其愤怒地公开宣称的目标区别开来。如同许多其他有限规模的反恐行动一样，如果反恐战争是对攻击者的报复，那么它就属于后一类情况。如果是这样，它就是一场惩罚性而非自卫性战争，国际法和作为国际法基础的伦理学都无法证明其合理性。授权发动这场战争的政治家无疑体现了他们公民的反应，但他们应在保护其公民的有限角色外行动。这类惩罚性行动是否有效的标准，不在于是否恢复了和平与安全，而是看对攻击者及其同情者的报复情况以及是否改变了他们的行为。

用以证明反恐行动的防御性目的的论据是，它是威慑性的，不仅针对潜在的攻击者，而且针对庇护恐怖分子的国家及支持恐怖分子的人。这类观点的问题在于它纯粹依靠经验，需要在特定的情况下得到证实。报复是否起到了威慑作用，或者是否引发了新的暴行，使恐怖分子得到了更多支持，这都是值得关注的事态。对这一问题，既无法事先解决，也难以作出简单的归纳，因为报复有时会产生这种效果，有时会产生另外一种效果。如果事实就是这样，那么大张旗鼓地用来防御的报复，就不能同时视作对错误行为者的偿还，也不能作为施加某种国际行为标准的意图的一部分。在某种程度上，反恐战争只有明确的目的，而缺乏能否产生威慑性效果的证据，因此，也就不能称其为防御性战争。

46

第三章　身份之谜

部　落　制

47

20世纪90年代早期，旧有的仇恨与敌视在冷战时期冻结了半个世纪后开始复苏……50年的冬眠期过后，东欧的种族与部落间的紧张关系再次出现。这些地区性冲突制造了混乱、动荡、流血，以及在一定程度下不被西方接受的新兴的强大军阀。①

美国的政治学家表达了一个至少是关于最近爆发一些战争的原因的共识。这种导致战争成为可能的群体认同有时被人描述为"种族主义的复苏"。人们认为它会表现出原始的、非理性的本能，造成不同群体之间的仇恨与战争，来取代为大多数现代国家所采纳的、鼓励社会协作与和谐所表现的现代性与理性。② 这些关于身份政治的被称为"黑暗之神"的理论，如民族主义，即认为当国家正常运行带来的约束不存在时，不需要特别的理由就可以进行新的战

---

① 罗素·F·法蒙：《民族主义，种族划分与身份》（Russell F. Farnen, Introduction, in R. F. Farnen（ed.）, *Nationalism*, *Ethnicity and Identity*, New Brunswick: Transaction, 1994, p. 3）。

② 齐格蒙特·鲍曼：《后现代伦理学》（Zygmunt Bauman, *Postmodern Ethics*, Oxford: Blackwell, 1993, p. 230）。

49

争，如苏联、南斯拉夫解体时，以及非洲很多地方的中央政权崩溃时。① 人们认为，对种族的忠诚与敌意，是人类无法改变的事实，只能阻止而不能消除它。用弗朗西斯·培根的话说："在一个强大的国家或帝国解体时，你可以确信必将发生战争。"②

在考察新式战争的理论时，我采用了弗洛伊德的群体认同理论。近来人们发表对后冷战世界民族主义复苏的半通俗的言论，这是其中隐含的理论。迈克尔·伊格南蒂夫（Michael Ignatieff）采用弗洛伊德的理论，来分析塞尔维亚人与克罗地亚人的战争。"外人是一个危险，"他写道，"不是因为塞尔维亚人与克罗地亚人不同，而是因为他们看起来是多么相近。"但是，"弗洛伊德，"他写道，"曾经论述过，两个人之间的真正差别越小，他们的想象的差别就一定会越大。他称之为对细微差别的自恋。这结果必然是，"伊格南蒂夫继续写道：

> 敌对双方需要彼此，以提醒自己到底是谁。一个克罗地亚人不是塞尔维亚人，一个塞尔维亚人不是克罗地亚人。没有了对异族的仇恨，则一个民族所固有的自我尊敬和自我崇拜将会模糊起来。③

在接下来的一卷中，伊格南蒂夫用了一章的篇幅来展开论述这个理论。在这里，他引用了弗洛伊德在《文明及其不满》（Civilisation and its Discontents）这篇文章中的内容："总有可能将很多人通过爱联系在一起，只要他们向另外一些人显示敌意。"④ 威廉·帕

---

① 欧内斯特·戈尔纳（Ernest Geilner）引用戴维·麦克科洛恩（David McCrone）的《民族主义社会学》（The Sociology of Nationalism，London：Routledge, 1998, p. 8.）"黑暗之神"理论（The 'dark gods' theory），也被称为"根基论"。

② 引用尼古拉斯·曼斯福的《第一次世界大战的来临》（Nicholas Mansergh, The Coming of the First World War，London：Longmans, 1949, p. 245）。

③ 迈克尔·伊格南蒂夫：《血统与归属》（Michael Ignatieff, Blood and Belonging，London：Vintage, 1994, p. 14）。

④ 引自迈克尔·伊格南蒂夫：《士兵的荣耀》（The Warrior's Honour，London：Vintage, 1999, p. 61）。

夫（William Pfaff），一位与伊格南蒂夫处于同一学术谱系的评论员，在他名为《国家的愤怒——文明与民族主义的狂怒》（*The Wrath of Nations: Civilisation and the Furies of Nationalism*）一书中，也引用了弗洛伊德的这篇文章，充分地表达了这个主题。"民族主义，"帕夫继续论述到，"不需要十分复杂的解释。它与人类原始的对家庭、氏族、部群的归属相联系，这是十分明确的。"① 既然如此，弗洛伊德的理论是什么呢，像我们所说的民族主义或类似的概念到底是什么含义呢？

弗洛伊德通过个人成长的两个步骤来论述他的群体形成理论。用他本人的表述，第一步是主体从他人那里获得"自我理想"的形象，以这个形象来指导他的行为，并基于此引导自我陶醉的情感。在这个过程中，弗洛伊德解释说，那个提供理想形象受到崇拜的客体被"投射"到他自己身上，补充他自己的形象。② 这是通过认同一个人来描绘的个案。弗洛伊德用这个投射的过程来解释国家，他解释了是什么使得这些人"形成了同一个自我理想的形象继而在自我中认同了他们彼此"③。正如人们或能想象的那样，这里既包含了垂直的也包含了水平的联系。④ 垂直的联系使得群体中的成员选择同一个客体作为自己的自我理想。这也许是个魅力超凡的领导者，或者，当不存在一个领导者时，是领导者的想法取代了他。这个领 49
导者或者领导者的想法，在弗洛伊德看来，也可能是"负面的"。所以"仇恨……可能会通过同样的方式表达，也可能会引发同积极

---

① 威廉·帕夫：《国家的愤怒——文明与民族主义的狂怒》（William Pfaff, *The Wrath of Nations: Civilisation and the Furies of Nationalism*, New York: Simon & Schuster, 1993, p. 57）。

② 西格蒙德·弗洛伊德：《群体心理学与自我的分析（1921）》（Sigmund Freud, *Group Psychology and the Analysis of the Ego* (1921)），见《心理学著作全集》（*Complete Psychological Works*, vol. XVIII, London: Hogarth Press, 1995, p. 113）。

③ Ibid., p. 116.

④ 参考皮特·盖伊的《弗洛伊德》（Peter Gay, *Freud*, London: Macmillan, 1988, p. 406）。

的依恋一样的情感联系"①。但在一般情况下，垂直的联系带有十分明显的力比多性，水平的联系亦然。

在群体成员间的这些联系纽带当中，弗洛伊德解释说"基于原始目的的爱的本能"被那些拥有共同自我理想的人用来建立认同。因为他们是受目的约束的，所以他们之间建立的联系是持久的。②"如果我喜欢一个人，"弗洛伊德在另外的场合说道：

> 他一定在什么地方值得我喜欢……如果他在很多重要的方面很像我，我可以通过喜欢他来喜欢我，他就值得我喜欢；如果他更接近我的自我理想形象，我可以通过喜欢他来喜欢我的自我理想，他就值得我喜欢。

但是，例外在于，如果他不是我们群体中的一员，"要我喜欢他很困难"③。面对这里论及的投射过程，看来我们已经能够理解群体是如何根据其中个体的心理状态形成并延续的了。它解释了，比如，伊格南蒂夫论及的现象，也就是，虽然"现代性……已然减少了［塞尔维亚人与克罗地亚人］之间的区别，然而，民族主义已经将想象的差异推入了深渊"④。因为，正如弗洛伊德所说，恐慌能够"因为联系群体的情感纽带消失"⑤ 而产生。为了防止这种情况的出现，群体将会通过夸大其所依赖的能够与其他群体相区别的特点而激烈地做出回应。继而，如我们所注意到的，伊格南蒂夫将之与弗

---

① 西格蒙德·弗洛伊德：《群体心理学》(Sigmund Freud, *Group Psychology*, p. 100)。

② Ibid. , p. 103.

③ 西格蒙德·弗洛伊德：《文明及其不满 (1930)》(Sigmund Freud, Civilisation and its Discontents (1930)), 见《心理学著作全集》(*Complete Psychological Works*, vol. XXI, London: Hogarth Press, 1961, p. 109)。

④ 迈克尔·伊格南蒂夫：《士兵的荣耀》(Michael Ignatieff, *The Warrior's Honour*, p. 57)。

⑤ 西格蒙德·弗洛伊德：《群体心理学》(Sigmund Freud, *Group Psychology*, p. 97)。

洛伊德定义的"对细微差别的自恋"相联系："英格兰人对苏格兰人投以种种中伤，西班牙人轻视葡萄牙人"①，等等。但是，在弗洛伊德自己的工作中，他将这种现象与群体形成理论的另一个过程相联系。

这第二个个体的过程是被压抑的冲动在他人身上的投射。具体地说，这是一种投射到他人身上的，感到他人具有攻击性的感觉，用来说明自己行为的合理性。因为，弗洛伊德认为，在所有的人际关系中，敌意与伙伴关系是竞相存在的。然而，当一个群体形成时，对在群体内其他成员的厌恶被爱所替代，厌恶转向群体外——那些"受到攻击"的人。这样，这个群体的人因为力比多的冲动而联系在一起，而这种冲动，据弗洛伊德说，与前文提到的攻击性的冲动有着类别上的不同。任何的差异，尽管细微，都可能用来作为对群体内外的区分依据（尽管这样断言有点过火，然而正如伊格南蒂夫所说，这"恰恰是因为差异太小了，以至于人们必须通过夸大来表达它们"）。② 任何差异都能够被利用，这是因为，正如弗洛伊德所说，自恋"表现为所有观点与他自己的不同时都会被他批评"，因此同样的，也会被他人带有攻击性地抵抗。③

我曾经说过，弗洛伊德是否认为第二个投射过程像第一个过程一样为群体形成中所必需，还未能确定，尽管他认为这两个过程是互相补充和互相支持的。这不是一个纯粹的学术问题，因为如果我们否认——如我们应该做的一样——弗洛伊德的攻击性作为原始的、本能的动力的观点，以及伊格南蒂夫和帕夫在此基础上进行的民族主义的

---

① 西格蒙德·弗洛伊德：《群体心理学》（Sigmund Freud, *Group Psychology*, p. 101）。

② 迈克尔·伊格南蒂夫：《士兵的荣耀》（Michael Ignatieff, *The Warrior's Honour*, pp. 50—51）。他看起来并不完全认同这一点，认为弗洛伊德过于纠缠于主要与次要之间的差别。

③ 西格蒙德·弗洛伊德：《群体心理学》（Sigmund Freud, *Group Psychology*, p. 102）。

论述都将失去吸引力：一个民族主义者的冲突可能不是因为原始敌意的复苏所导致的，当其尚未经受霍布斯的观点检验时。①②

弗洛伊德的群体心理学会对民族和种族的认同性带来其他什么后果呢？当代的民族主义理论家敏锐地提出了质疑，弗洛伊德的理论真的暗含了根基论主义者的民族观（primordialist account of nations），如帕夫，所论述的国家发展理论吗？或者，如伊格南蒂夫所认为的，能够与现代主义相提并论吗？这些术语意味着什么呢？克利福德·格兹（Clifford Geertz），这位可能是发起争论的人，解释说：

> 所谓原始依恋，是指一个人从"给予"中成长起来——或者，更精确地……假定的社会存在的"给予"：主要是直接接触和家庭联系，但后来……生长于特定的宗教社会，说特定的语言，遵从特定的社会习惯。③

这是沃克·肯诺（Walker Connor）的观点。他将"潜意识与情感"的依赖与"意识与理性"的依赖相区分，并从弗洛伊德那里寻求帮助来支持"民族同一性拒绝理性表述"的观点，引用弗洛伊德论述感到自己同其他犹太人的联系在一起，是因为："很多模糊的、情感的力量，越强大越难于用语言来表述；以及一些对内在同一性的清晰意识；对共有的心理结构的深刻认识。"④ 对此，肯诺认

---

① 参见《赛威关于暴力的表达》（Seville statement on Violence）中的论述："战争或其他暴力行为根植于人类天性中的说法在科学上是不正确的。"引自戴维·G·马耶尔斯：《社会心理学》（David G. Myers, Social Psychology, New York: McGraw-Hill, 1993, p. 425）。

② 参见迈克尔·伊格南蒂夫：《士兵的荣耀》（Michael Ignatieff, The Warrior's Honour, p. 45）；威廉·帕夫：《国家的愤怒》（William Pfaff, The Wrath of Nations, pp. 237-238）。

③ 克利福德·格兹：《文化的阐释》（Clifford Geertz, The Interpretation of Cultures, London: Fontana, 1973, p. 259）。

④ 沃克·肯诺：《种族民族主义》（Walker Connor, Ethno-nationalism, Princeton: Princeton University Press, 1994, pp. 203-204）。对弗洛伊德的引用，来自《心理学著作全集》（Complete Psychological Works, vol. XX, London: Hogarth Press, 1925-6, pp. 273-274）。

为这和德国人的格言"血债血还"（Blut will zu Blut）表达的是同一种感情，"血债血还"是一个独特民族对根基论的清晰表达。

上面对此观点的论述应该很清楚，然而事实上弗洛伊德的理论并没有支持这一观点，或其他的基于种族吸引力的原始主义，尽管是进行了描述。弗洛伊德的理论相当概括：它可以适用于任何群体，对于可能作为成员联系纽带的吸引力，是何种吸引力也没有进行任何限定。它隐含了一种伊格南蒂夫和帕夫都承认的观点，这种观点还有其他很多人认可，即在种族民族主义和市民民族主义之间存在着根本的不同。前者被认为是危险的、激情式的，后者则被认为是安全的、理性的。无论这个反差中的事实如何①，弗洛伊德的理论对此都没有直接的判断。爱和恨的激情刚好能够在两种民族主义的任一者中出现，根据它们形成的原则，不能说其中一个较之另一个或多或少要理性一些。或者，更确切一些，因为此处我们需要比民族主义理论家更为精确些，这些支配成员对群体依赖的原理在两种情况下被做出了类似的解释，因为这种原理才是弗洛伊德的理论试图解释的内容。

很显然，被伊格南蒂夫正确演绎同时被帕夫错误否定了的弗洛伊德理论，与现代主义思想是兼容的，只要我们明白这个学说，即这时国家是独特的现代模式的群体形成。因为理论不能告诉我们这里将会是什么样的群体，只能告诉我们确保这些群体团结的原则，所以我们需要一个不同的解释来说明在不同的社会历史条件下产生的群体的种类。这可以用沃克·肯诺的理智与情感的对照来解决。这种对照解释民族的形成，一方面可以解释为是人类对环境做出理

①　对于批评，见波拿德·雅克：《市民国家的神话》（Bernard Yack, "The Myth of the Civic Nation"），收录于 R. 倍纳：《构建国家主义》（R. Beiner (ed.), *Theorising Nationalism*, Albany: State University of New York Press, 1999）；韦尔·克姆利卡：《本国政治》（Will Kymlicka, Politics in the Vernacular, Oxford: Oxford University Press, 2001, ch. 12）。

性反应的结果，因为国家是为群体成员服务的，至少是为群体中一些拥有特权的人服务的；另一方面，可以解释为如肯诺所说的民族
52 的形成是非理性的，这种形成犹如在面对社会不稳定情况时就会自然而然地求助于亲缘关系的道理一样。但所有解释都不是从个人对民族依赖的情感特征中衍生出来的，关于这个情绪情感特征，肯诺在观察中概括得出：人是不会主动为所谓理性的事情而献身的。①

对民族性的辩护？

阿尔斯特联合主义者声称，他们只是忠诚于不列颠的同胞，但不包括身处爱尔兰南部的爱尔兰人，因为这些爱尔兰人拒绝这种忠诚。如果这个国家没有被分裂，也许人民对国家所要求忠诚的异议就不像现在这样了。同样的，罗杰·凯斯门特在因参与复活节起义被指控叛国罪的审判中宣称："忠诚是一种情感，而非法律。它基于爱，而非强制。"② 这就是说，当这个国家尚不存在忠诚的时候，忠诚不能被国家控制——这是现存的身居北爱尔兰的爱尔兰民族主义者们支持的观点。由此可见，如人们声称的那样，如果忠诚是一种人民确能够感觉到的类似于情感的东西，那么任何忽略这点而单纯赋予人民政治义务的做法都将失败，因为人民会因为缺乏必要的动机来履行这样的义务。事实上，真正赋予人民这种动机的是民族的义务，国家也必须利用这种动机以实现有效的管理。

---

① 沃克·肯诺：《种族民族主义》（Walker Connor, *Ethno-nationalism*, p. 206）。
② 引自弗兰克·帕肯汉姆：《诞生于信仰》（Frank Pakenham, *Born to Believe*, London: Cape, 1953, p. 72）。

如何评估诉求于民族忠诚这一假定事实的做法呢？依据"黑暗之神"理论，把民族情感简单地假定成人类生活最原始的同一性是不公平的。这种观点认为：民族依恋是被赋予的而非天生。对于依恋性是被赋予的这一问题，这也只是可能的解释之一。这种解释也不是似是而非的，即使国家相对现代化的问题可以通过一些策略得到解决——这些策略包括假定它们取代了先前的社会组织，同时将为什么它们会成为被忠诚对象的特点具体揭示出来。这里还有很多其他原因来解释为什么我们能够和具有我们所称的民族认同性的人合作，原因包括这种合作会更加容易。如此看来，自然主义者的解释就显得多余。

那些主张必须从民族情感开始的人，他们不需要自然主义者的支持，也不需要表面的拥护种族主义而不是市民民族主义。当前持这一观点的代表性人物大卫·米勒即采纳了后一种看法，虽然尽量 53 避免"民族主义"用语，并费尽心力地从种族性中区分出民族。然而，他发现两者之间有一个重要的联系："像民族和种族群体，都倾向于把自己定义为扩大的家庭……其中经常会有一种家庭感。"① 另一个评论家认为："这是一种类似于对民族主义的粉饰，但它唤起了家庭语言和亲缘关系，所以确定这个比喻所扮演的角色是一件重要的事。"② 米勒在论述把家庭成员的特定义务类推到民族间的关系中时，阐明并采用了这个观点。这不仅仅发现我们要承担和履行家庭义务，而正是通过这样做，我们才会依存于一种价值，因为在这种责任的交换中所包含的关系是我们生命中的重要内容，正是在这些重要的关系中让我们明确了我们自己是谁，是一个人的儿子或女儿，是另一个人的丈夫或妻子等等……那么国家义务的产生和我

① 大卫·米勒：《论民族性》（David Miller, *On Nationality*, Oxford: Clarendon Press, 1995, p. 121）。

② 罗斯·普尔：《道德与现代性》（Ross Poole, *Morality and Modernity*, London: Routledge, 1991, p. 101）。

们的认同性是不是如出一辙呢？

我们需要明白的很重要的一点是，民族的模式不同于家庭，民族内的关系并不来源于一般的自然的血亲关系。对此持不同意见的最有影响力的人物赫德（Herder）却认为："一个民族是自然成长的，和家庭一样，只不过规模会更大些。"[1] 家庭模式认为同一民族的人们在一种社区中彼此联系。社区中的成员关系孕育出一个认同性，而不是像在家庭一样，只有一个限定的角色，所以在整个民族中我实际上进入了一个关系网，在这个关系网中成员的责任通常不自觉地宽泛而不确定。民族社区中，在其他因素一致的前提下，自己决定其目标和需求。就像在家庭中一样，我的认同性的形成是由承担成员义务来实现的，同时通过我完成义务后的收获来评估我在家庭中的身份。

那么前提问题是，做这样的比较是正确的吗？互相信任、团结一致之类的价值在解决家庭纠纷的时候固然是有效的，但是，这些要素是否在民族社区这个形式或背景下依然适合？为了回答这个问题，米勒包括大卫·休谟，必须回到以下假设："人类的慷慨非常有限，而且至多扩展在本国之内。"[2] 作为民族主义者展开论述的模型，家庭先天是危险的。这是因为，尽管我们可以区分民族在社区中的基本义务和从血缘关系衍生出的家庭的基本义务，但还是会自然或者可能是不可避免地把两者混淆，从而可能的市民民族主义必将成为种族民族主义。

我们虽然不能用家庭做民族社区的模型，但是群体之间的义务和家庭责任还有可比性。作为角色政治，相对于作为身份政治，可以粗略看作剥离简单情感的特殊义务。试想，我们大多数人都有过

---

① F. M. 巴纳德编：《J. G. 海德论述社会与政治文化》（F. M. Barnard (ed.), *J. G. Herder on Social and Political Culture*, Cambridge: Cambridge University Press, 1969, p. 324）。

② 引自大卫·米勒：《论民族性》（David Miller, *On Nationality*, p. 58）。

迫切希望为人父母的切身体会，这种需求并不是神秘的本能驱动的结果，而是我们在道德责任中所要努力扮演的角色要求使然，因为我们知道是伦理道德的作用，所以我们会负责地承担起这种责任。当然，我们确实也这样做了，包括虽然在各个方面对待自己的孩子要优于其他人，事实上，我们所作的都是在有限的范围内，而决非像公共社区要求应该做的那样毫无限度，因为在本能的促动当中是没有原则性界限的。我们须尽我们所能地去帮助我们自己的孩子，但这种帮助不能是故意妨碍他人。同时，这种关爱也不是仅限于我们自己的孩子，而对任何父母都适用。

但这仅仅是在家庭关系中符合伦理地对角色的粗略描述，并没有诉诸认同和情感。在社群模式（communal model）中，我对家庭的认同并不能解释我的共同义务（communal obligations）的观点，但反映了我对"承担这些义务的程度"的思考，即我可以通过履行这些义务保障我的家庭福利，从而实现我的道德目标；我也可以使自己远离这个目标，只是形式上扮演自己的角色而已，这时我其实并没有这种对家庭的认同。在这种情况下人们通常不会这样做，尽 *55* 管他们在认同或者疏远他们其他角色的程度上各有不同。同样的，我们没有必要诉诸情感，把它当成是我们履行义务的推动力量。此外，我们倒是可以把情感解释为是扮演角色的需要，而不是相反。拿我作为父母的角色举例，和在其他的当然不是所有的角色里一样，如果我全身心地去做的话，我会对一些人充满强烈的感情，去爱护、关心他们，而我的角色同时也使他们期望可以在我这里得到关爱。关爱他们让他们幸福地生活是一个至关重要的道德目标。这种对家庭义务的道德另外的一种解释动摇了那种属性政治，正如大卫·米勒所言，主张实现民族的而非公民的、现实主义者所关注范围内的义务。

文化主张

政治与社群主义在对认同性尤其是民族认同定位的认识上有截然不同的观点。这种身份政治比我刚才津津乐道的更具有人情味，不是因为它赞成了一种必然的观点，而是它道义上是可取的。我把这个概念称为"文化主义"（culturalism），它由三个部分组成。第一，它表明确实存在一些具有明显共性的有限数量的文化群体，在这些文化群体中人们能够通过正确地识别他们在其间的关系来自我认同。第二，这些群体的存在基于自己成员存在的事实之上，而与其他群体的成员无关，所以这个群体将以它的方式继续存在，无论其他群体曾经如何。第三，事实表明在这些与政治有关的文化群体中，它的成员如果选择脱离群体，无论这个要求正当与否，他们做出的决定都是基于一些能够支持这种要求的一系列文化事实的。这些文化主义者的主张可能看起来明显是合理的，因为确实存在这样的文化群体。问题在于如何从政治上协调它们。然而，正如我们将会看到的那样，他们勇于迎接挑战。

56　　正如社群主义的论述同时基于一个不能反映人民同一性的政治组织是机能不良和价值能通过行为来判断的观点，文化价值也能够通过行为判断。所以一个政府如果不能让人民通过利用他们自己文化的资源来参与政治活动就是机能不良，如果它做到了，那它就能认识到自由和平等的价值。人们应该在政治上控制他们的文化，这不仅仅是合法性的问题，同时也是正义的问题。因为假设一个国家有两种这样的文化，在交往中就会出现一方利用权力获得优先权，从而使另一方受到不公平待遇的情况。这正是一个处于同化中的政府为了实现从主流文化中建立全国统一文化的目标，开始通过或多或少残酷的手段镇压其他文化，并期望它将最终消失，而使它的成员适应新的文化。这正是库尔德人在土耳其叛乱的主要原因。在有些地方情况略有不同，这些国家通过歧视反对一些文化群体的文化而仅仅把他们排斥在政治活动之外，对文化的最终同化不抱有任何期望和希望。这种情况造成的结果是南美和印度及其他的地方的许多人处于危险之中。这两种情形都引发了战争，要么为了建立独立政府，要么为了争取文化权利及认同。其已经达到需要对这种反对不公平待遇的防御性战争做出评估的程度，可以依照第二章给出的评估规则来进行。现在我们所关心的是，是否存在统一的原则性方法来鉴定他们与政府作对的行为。

为什么人们应该基于自己的文化拥有自治的权利？这可能引起多种争论。其中最具影响力的基本原理是威尔·克姆利卡（Will Kymlicka）大力倡导的，我们可以称之为"文脉主义"（cultural contextualism），意指是在一定地域范围的文化里，人们基于使用于公私场合的同种语言来广泛参与社会文化活动。① 这种文化为我们思考可行的解决办法时提供了一种媒介，也为我们做出正确的人生决定提供了前提。② 也就是说，共享的社会文化为我们提供了做出自由选择的必要环境。"自由包括在众多选择中做出自己的选择，同时一个人的社会文化不但为其提供这些选择，还使这些选择对其 *57* 都是有意义的。"③ 自治可以使这些文化得到保护，也因此对个人自由的保护也才显得特别重要。所以文脉主义者的观点是开放的，连1919 年的《凡尔赛条约》的制定者都可以包含其中。和他们一样，那些支持者们同样对那些渴望成立"小民族国家"的人民报以同情，在"小民族国家"里人民可以行使自治权利，可以使用自己独

---

① 韦尔·克姆利卡：《本国政治》（Will Kymlicka, *Politics in the Vernacular*, p. 25）。

② 韦尔·克姆利卡：《自由主义，社会和文化》（Will Kymlicka, *Liberalism, Community and Culture*, Oxford: Oxford University Press, 1989, pp. 165–166）。

③ 韦尔·克姆利卡：《本国政治》（Will Kymlicka, *Politics in the Vernacular*, p. 209）。

特的语言。

社群主义认为，文化是由包含价值在内的一系列普遍同一性组成的，而且文化的范围可以由其成员决定，与这种观点不同，文脉主义者有意把价值排除在社会文化组成要素之外。价值不包含在内是因为价值是在社会文化中被选择的。基于这个理解，当其社会成员为了实现不同的价值而改变其生活方式时，相同的文化可以改变其同一性，但其本质特性不会变。如果不是这样的话，文化对于自由的实现就没有任何裨益了。在文化内包含价值会有碍自由而不是推动自由。那些失去自身社会文化的人们会陷入混乱状态，没有能力为自己的生活做出有意义的选择，因为做出选择的语境没有了。因此，作为一个有责任感并追求理性生活的人来说，保护自己的文化不单是一项权利，更是一项义务，因此，寻求自治是实现这种权利和义务的需要。

然而，我们可能会问，为什么？失去自己原有的文化真的就那么要紧吗？我们就不能在另一种文化里做出选择吗？这是社会同化所要实现的目标。如果失败了，就被解释为是文化无根和社会混乱的结果，但通常本土人民能够很容易地融入到主流文化之中。约翰·斯图亚特·穆勒持相似的观点。拿法国文化举例，他认为法国文化较之布里多尼文化和巴斯克文化能够提供更好的选择语境。[①]然而，文脉主义者认为，这种转变被外来移民的文化移入现象证明通常是不可取的，甚至是十分危险的。他们能够那样做是因为他们
58 持有了一种功能主义的文化观，这种文化系统使得他们可以规范自己的行为，使之合情合理。[②] 由此我们就能明白为什么说文化同化是一

---

① 参见约翰·斯图亚特·穆勒：《论自由，代议制政府，女性的屈从地位》(John Stuart Mill, *On Liberty*, *Representative Government*, *the Subjection of Women*, London: Oxford University Press, 1912, p. 385)。

② 参见我的《政治哲学中的人、文化与国家》(*Peoples*, *Cultures and Nations in Political Philosophy*, Edinburgh: Edinburgh University Press, 2000, pp. 35-38)。

种威胁，因为外在强加的变化会威胁到人们积极应对环境变化的能力。

　　然而不幸的是功能主义概念下的世界，是一个由分离的人群、拥有各自不同的文化、生活在各自的社会组织、就像是各自分离的小岛组成的。但这种观点缺乏实证①，它仅仅反映了如赫德和其人类学学说追随者的浪漫主义情怀，他们都深受民族主义特别是种族民族主义的影响，并反过来继续影响它。没有理由认为不同的文化群体按照功能主义的设想那样区分，事实上不同群体的人们共有一些文化特征，如语言，但有不同的惯例和制度，等等。文化的组成使得我们有不同的方法来区分自己，而不是简单地处于被隔离的群体中。这并非是否定人们自身组成了群体，但他们的行为方式并没有明显区别于语言上，所以他们通过种族、宗教、价值和其他的一些共性来区别自己的群体，而这些都是被文脉主义者排除在外、认为对于做出选择是无关紧要的要素。

　　文脉主义者试图找出在一个组织中，集体认同是如何通过社会文化下的成员关系得以保全的。然而人们实际确有识别自己的方法，这个文脉主义者的同一性对于他们而言很可能是模糊不清的，他们所表现的和他们实际表达的同一性在这里要分开考虑。塞尔维亚人、克罗地亚人和波斯尼亚的穆斯林，如果考虑到他们信奉不同的宗教，都说塞尔维亚—克罗地亚语，并都共用着南斯拉夫地区的公共设施，就简单地认为他们拥有截然不同的民族认同就大错特错了。假定他们曾经错了，但无论如何，民族群体的分类绝不是像文脉主义者想象的那般简单。

　　文脉主义，不仅在寻找如何识别群体自组织的多种途径的实践 *59*中失败了，其试图发现能够对政治主张进行评价的稳定、持久的模

---

　　①　弗雷德里克·巴斯（Fredrik Barth），引用我的《政治哲学中的人、文化与国家》（p. 211）。

式本身也未能实现。寻找这种模式的方法是通过去除宗教和其他的、用于区分民族的和其他政治相关群体的价值，这种方法依赖于一个特别的价值体系，即自由主义。由于自治的原因，选择自身价值的自由是被排除在文化之外的。这种自由价值由于破坏公共利益、危及宗教信仰之类的理由被许多文化予以否定。① 因此测定文化的原则方法本身就会被许多文化所否定。也并非如克姆利卡认为的文化是由其本身的特点而不是由价值来彼此区分的，所以不需要有共同的价值观。有理由说，这些价值是必需的，至少对于那些拥有共同目标的文化群体来说是这样的。② 确实，人们可能认为自由社会会共享这些公共价值，无论人们为个人提供多大的选择空间，也无论他们在语言和历史上如何的不同。他们的社会应该是怎么样的，部分地取决于社会成员们共有的价值，而区分他们文化上不同的是语言和历史。

合法性之谜

身份政治为独立国家或具有特定信仰认同的群体提出了它的政治主张：一个国家出于某种原因，应该为人民所有。这就是使他们的文化与政治相关的地方，因为只有当一个国家在它的边界或组织范围内恰当地协调本国文化，首先确立自己是一个文化群体或拥有特定文化的社会共同体，从而对内部成员身份予以协调，如此且只有如此国家才被推断为是合法的。因此引起新战争的一个主要原因，如我们在开始时所述，是一个现存国家没能恰当地对其部分国

---

① 见布海克胡·帕瑞克：《反思多元文化》（Bhikhu Parekh, *Rethinking Multiculturalism*, Houndrnills: Macmillan, 2000, chs 3 and 11）。

② 见安德鲁·梅森：《社会，团结与归属》（Andrew Mason, *Community, Solidarity and Belonging*, Cambridge: Cambridge University Press, 2000, pp. 20—27）。

民十分明显的认同予以认可，由此使得这些人认为国家不属于他们，不是他们的合法政府。

然而，社群主义的观点也未能对合法性提出一个合理充分的标准。"国家存在于，"米勒写道："当人们彼此认为是同胞时，就会相信彼此拥有着类似特征。"① 如果真的有一系列特征，而且仅通过这些特征就能区分不同的民族（或任何我们所忠实的群体）确实很好，例如依据一种特定的语言，但我们知道并没有这种捷径。有些群体靠语言来区分，有些靠宗教，有些靠生活方式中的其他特点，或历史等等。这些具有不同民族性的群体竞相获得人民的忠诚，所以对于"根据什么他们能够识别不同群体"的问题没有一致和稳固的答案。这个事实打破了任何自然主义者群体认同的观点，也同时否定了如米勒等学者所持的观点，认为群体是按照人民所忠诚的政治观点来区分的。人民决定信赖哪个群体时采用的标准问题，表明并不存在明确的方法来把他们划分为不同的民族，因此也没有办法确定哪种政治要求是正当的而哪种不是。这种身份政治的认同在理性解决政治分歧时毫无作用，在引发战争、试图武力解决这一点上贡献颇丰。

文化主义也没能提出一个关于合法性的标准。反文化主义者否定了文化主义者提出的三个命题：第一，他们否定人们可以自我认同属于一个民族群体，这个民族由我们提到的文化同一性组成，这其实是别人以此为原则来划分他们，而他们本身却并不在意这些。其实这是人们决定如何识别自己并通过集体决定组建群体的问题。第二，反文化主义者认为民族群体的现实存在不仅取决于其成员为实现群体认同而选择的表面认同，而且依据那些使他们区别于其他群体成员的事实。第三，反文化主义者认为文化群体的形成到目前为止还未出现分裂国家或任何其他特殊的政治要求。如果任何这样

---

① 安德鲁·梅森：《社会，团结与归属》（Andrew Mason, *Community*, p. 22）。

61 的组织有这样的政治意图都只能说是源于其他的原因而不是因为他们是文化群体。更确切地说，由此引发的问题，是群体之间相区别的事实如何与政治相关。

我所提到的"身份政治"通常指的就是"差异政治（the politics of difference）"。① 如果我们愿意，通过文化主义者的视角我们可以认为这两个概念是在阐述同一现象（基于考虑目前为止的民族主义者及类似的现象），现在通过反文化主义者的视角可以看到，实际参与政治活动的人更倾向于认为自己是在谋求一种具有坚实基础的政治上的重要认同，而不仅仅是在政治活动中标榜自己的不同。这是因为不是他们的不同而确保政府的独立，而是使他们不同的一些特性能够证明他们拥有的政府是合法的。例如，因为阿塞拜疆人信奉伊斯兰教，美国人信奉基督教，所以他们希望国家适应其国民的宗教信仰（只要国土没有因此而丢失），这是因为他们认为宗教信仰是他们自身认知的一个重要组成部分，而且应该反映在政治结构中，而并非为了区别自己和其他的宗教信仰从而导致政治分化。

反文化主义者当然不会否定诸如宗教这些表明人民认同的因素的重要性，而宁愿从由此界定的群体关系中区分出较少彰显这些文化特点的人，因为参与文化不一定和这个文化群体有着密切的关系，所以这些群体较之规范他们的文化认同显得短暂而肤浅，我们可以从亚美尼亚和阿塞拜疆的战争中清晰地看到这一点。尽管历史的碰撞会有拖延，但却没有持续和不变的特征。阿塞拜疆的民族认同是新近发展起来的，源于 20 世纪早期阶段，当阿塞拜疆人确认自己和当地的土耳其语人民产生的冲突很大程度上来自于语言的

---

① 艾里斯·马里恩·杨（Iris Marion Young）对这些观念的区别与我的不同，见她的《民主信息资源差异》（'Difference as a Resource for Democratic Communication'），收录于 J. 罗曼、W. 瑞格：《协商性民主》（in J. Rohman & W. Rehg（eds.），*Deliberative Democracy*，Cambridge，MA：MIT Press，1997）。

不同，部分源于对移民进来的、受过良好教育的亚美尼亚人有计划的对土耳其人进行灭种屠杀的憎恨。然而处于苏联统治下的阿塞拜疆要求明确的认同，部分由于考虑到在宗教范围内穆斯林人 *62* 民会团结起来从而形成一股危险的势力。随着伊斯兰政治势力在全球的复兴，宗教分歧可能是现今产生紧张冲突的比较大的一个原因。

从这些和其他的一些例子中我们可以看到什么是不固定的群体认同，这些为反文化主义者提供了很好的论据。而其中确实常令理论家们迷惑的是，当为了特定的政治架构而时常被提起时，为何民族性的确立会如此不同，有些似乎是基于语言，有些是宗教原因，还有因为历史的、地理的等原因，这些差异不断扩散。自 J. S. 穆勒以后，人们经常试图通过将一些人主观的特点带到客观特点不足的民族认同上，这些人主观的特点，穆勒称是由于多种"原因"导致的。① 但原因并不一定是理由，文化主义者与反文化主义者的部分争论是，人们集体性地识别自己的诸因素是否提供了对它们进行区分很好的理由。文化主义者认为，至少在许多例子中人民确实是这样做的，并据此发展他们的政治。如果是这样，那么如何解释他们为何这样不同，既然如此不同，他们又是如何各自证明自己的政治分歧的合法性？相反，反文化主义者解释了民族认同的多样性，在于人们采用了多种途径来与其他民族进行区分，并认为政治分歧也只是其中的一个方面。无论如何，群体划分确实由多种原因引起，并为不同的利益服务，有些是好的，有些是坏的。换句话说，政治分歧的潜在原因不是存在于先前的文化群体中，而是存在于其他地方。

不可否认，事实上没有哪种民族的自决原则或其他政治组织的

---

① 约翰·斯图亚特·穆勒：《论自由，代议制政府，女性的屈从地位》（John Stuart Mill, *On Liberty*, p. 380）。

系统原则是通用的，因为民族主义者不同意这样的民族定义。① 他们都用自己的标准把世界分为不同的民族，而他们自己的标准却会与其他民族的标准产生分歧，冲突就此产生，有的甚至是暴力冲突。产生暴力冲突的部分原因就是不能在自己和其他民族划分标准的争议中做出理智的选择。但是，如果想要使民族自决的原则得到认同，那就必须做出选择，以使一些国家形成一个体系。所以，如果想要拥有权利，就需要获得同一类型的民族身份。毫无疑问，由于一些特定的原因或特定情况，哪些群体可以被允许在国家独立的问题上做出比较有实用意义的选择，在第二章里已提到一些。但这和剥夺一个国家合法性的系统权利截然不同。

63

为什么各种不同的标准在增加？为什么冲突的产生有特别的缘由？正如我所言，这取决于这样一种观念：一个国家的合法性必须得到国民承认，带给国民符合他们身份的强烈感觉，这种身份选择赋予了国家的合法性。没有这种观念，就没有这种冲突，当然，这种观念也不会恒久不变。因此，冲突的根源在于身份政治，而身份政治源发于已订立的国家想要获得人们的自愿支持，特别是在战争环境中。一旦已订立的国家获得合法性，那么各种民族身份的不同标准就会被不满意现状的群体借鉴，以挑战当前的公民资格体系。

关于为何要选择特定的识别标准，有两种解释，无疑这两种解释是相互作用的。其中一种是纯工具概念的解释，认为选择一个最能适合自身民族情况的、合适的标准能够使支持率最大化，如果有共同使用的语言就以语言为标准，如果有共同的宗教就以宗教为纽带等等。另一种解释则指向不同群体间的文化不同，并力图通过各

① 这至少在 E. H. 卡尔的《和平环境》(E. H. Carr, *Conditions of Peace*, London: Macmillan, 1942, ch. 3) 中出现过，是我的《民族主义哲学》(*The Philosophy of Nationalism*, Boulder: Westview, 1998) 一书中的主题，之后雅各布·T·利维在《多元文化的恐惧》(Jacob T. Levy, *The Multiculturalism of Fear*, Oxford: Oxford University Press, 2000, ch. 3) 一书中加以展开。

种方法让产生这种文化差异的原因得以合法化。如此多样的标准，其中很多是典型的民族主义的表现，都源于传统的自由主义的政治思想，这和那些没有生活在自由国度的群体或者只是遭遇特定历史环境对此所作回应的组织是没有共鸣的。相反，一些种族标准似乎很自然地能够在社会广阔范围内寻求血缘关系并以此为纽带，同时，与没有血缘关系的群体保持距离（即使在当今社会这种纽带失去自然落脚点时依然被浪漫地认为有必要存在）。无论语言还是宗教，或其他因素，若要成为标准，都取决于与它们其中之一能否在社会组织需要的层面上提供一种社会的黏合剂。这表明由于文化的不同会对某种标准别有青睐，如果我没说错的话，这里没有任何强 64 加的跨文化的理论基础。很显然当不同的种族或宗教民族主义者高举自由的大旗时，他们增加自身影响力的方法不是去拥护另一种民族主义，而是选择在"公民"的名义下，反对民族主义本身也只是为政府或类似政治实体的合法性打基础。

正因如此，我认为，把新式战争的产生归咎于种族民族主义和其他类似的政治示威运动是一种带有歧视性的误导，无论是对于"黑暗之神"理论被当作一种自然现象受到控制，或是其他时候，如一个政治组织采用了道德上应当受到谴责的原则时。生活在正在形成中的国家中，人民会被迫选择另一种政治制度，这种政治制度为他们提供正式的和稳固的公民身份。① 然而这只是一种遗憾与再调整，而既不是接受视身份政治为一个提供正常的政治生活的合意形态，甚至也不是一种能够被接受或适合的形态。

---

① 参见罗杰斯·布鲁巴克：《民族主义的重构》（Rogers Brubaker, *Nationalism Reframed*, Cambridge: Cambridge University Press, 1996, ch. 1）。

第四章　仇恨与报复

认　可

托马斯·霍布斯在他的著作中写道："引起争执的主要原因有三个：第一，竞争。第二，缺乏自信。第三，荣誉。"① 他指出在第一和第二种情况下人们出于争夺财物或自我防卫会使用暴力，在第三种情况下因为一些小事就会产生暴力，如"一句话，一个微笑，一个不同的见解，或者其他任何贬低的信息，这种信息无论直接针对其本人，还是影射他们的家族、朋友、民族、职业，或他们的名字"，都会引发暴力。"贬低……一个民族的信息"，将比在霍布斯时代更容易引起战争，原因不仅仅是我们正在探究的能够引起危害的民族自主理论。当别人否定你的民族似乎就是在贬低它，从而贬低了自己民族的荣誉。相反，一个反映了独特的集体认同对独立国家的需求——一般是一个民族的——是一种对特定种类认可的需求——这种认可似乎很容易被多种其他贬低群体的方式所抑制，无论是通过文化上的歧视，还是宗教上的排斥，或其他的严重的、不严重的抑或想象的事由，因为"贬低"的尺度都是由他本身的见解所形成的。可以理解，所有这些歧视都会引发愤恨。政治独立就

---

① 托马斯·霍布斯：《利维坦》（多个版本，1651），第13章。

是力图使受害者免受其影响，并赋予他们原先被歧视者否定的认可。

有理由说大多数新式战争都源于"荣誉"。在脱离印度的"卡利斯坦"（Khalistan）独立政府支持之下的印度锡克教徒恐怖主义就是证实这个过程的范例之一。令印度人吃惊的是，锡克教徒内部 *68*在20世纪80年代本应出现的激烈的分裂运动并没有出现，事实上他们在经济和政治上都很成功，这种成功不仅限于潘扎布①——他们集中的地方，而且遍及整个印度。尽管如此，他们的精神领袖圣·扎马·辛格·勃汗真瓦里（Sant Jarnal Singh Bhindranwali）控诉道：锡克教人在独立的印度生活得像奴隶一样。现在每一个锡克教人都感觉自己像二等公民……锡克教人怎么能容忍这样的状况呢?②卡利斯坦运动是为了恢复锡克教的尊严，但什么使得追随者们认为他们正处于失去尊严的危险之中呢？

这里似乎包含很多因素。第一，锡克教人的历史就是用武力捍卫他们的信仰——一个混合了印度和穆斯林的宗教因素，最终建立马哈瑞耶夫·兰季德·辛格（Maharajah Ranjit Singh）的锡克教王国，马哈瑞耶夫·兰季德·辛格既要面对穆斯林对他们的讨伐，还要面对那些英国人入侵印度。他们的最后一位领袖果宾德·兴夫曾经宣称："卡哈尔萨人（卡哈尔萨原意是纯洁，这里指锡克教徒）会进行统治。"③即使是在英统印度之时，锡克教人也占有着一个特别的位置成为所谓的军事民族，殖民力量从而能在其中招募新兵以实现对其殖民帝国的统治。伴随着印度教处于支配地位的印度的分

---

① Punjab，印度西北部一地名，译者注。

② 摘自保罗·华莱士：《政治暴力和身份危机》，收录于 M. 科润肖：《恐怖主义脉络》（Paul Wallace, 'Political Violence and the Crisis of Identity', in M. Crenshaw (ed.), *Terrorism in Context*, University Park, PA: Pennsylvania State University Press, 1995, p. 360）。此观点从华莱士的观点中得出。

③ 引自唐纳德·L·豪洛维兹：《冲突中的族群》（Donald L. Horowitz, *Ethnic Groups in Conflict*, Berkeley: University of California Press, 1985, pp. 204-205）。

裂和独立，锡克教人不再享有他们先前的地位了。

他们的领袖如勃汗真瓦里也认为他们的宗教正处于失去其独特性的危险之中，正慢慢地被印度教吸纳进去。虽然锡克教是从印度教中分离出来的，锡克教内许多的宗教活动都与印度教相差无几，拥有共同的等级制度。潘扎布语在锡克教人、印度人和穆斯林间被普遍使用。各个宗教群体间的关系也都良好，公共性冲突主要发生在恐怖主义和反恐事件之中。如果说锡克教人的宗教独特性受到了危害，那么锡克教人的自尊也就处于危机之中。勃汗真瓦里声称锡克教人所顶礼膜拜的经文正受到印度人的羞辱，目的是在锡克教人的同一性中催生一种群体骄傲，从而掩盖内在的分歧而强调外在区别。分裂的锡克教民族形象为锡克教人的渴望提供对象，印度民族主义的高涨也提供了政治环境，若要实现建成民族国家的目的，这种政治环境是必需的。组建锡克教民族国家的任何显著进步都将成为民族骄傲之源，而任何退步都会成为耻辱，如有必要都会用暴力予以制止。

69　　这种情况在群体民族化时会经常看到，某种意义上渴望国家独立的热情即是例证，这继而将会发动暴力运动反对政府。由于历史的或其他的原因，人们未能得到他们相应的尊重，由此便产生被歧视、被否定之感。如果差别是将人们团结在一个群体中的要素，那么就等于说它是对群体应得认同的否定标准。因此补救的方式必然是群体的。个人对特定语言、宗教或其他任何客体所感到的骄傲，只有在个人与群体一致同时确保群体能够独立存在时才能得以唤回。这里民族主义的意识形态为实现这一目的提供了最为危险的模式。目前国家独立进程的进步或欠缺，可被解读为一系列的承认，或者是触发运动的因素在不同程度上的独立。

我们该如何在伦理上评估这种情况呢？最近关于身份政治思潮的一个趋向是，认为它实际是一种"政治认同"，同时，对其政治声明采取了同情的态度——是一种完全独立于我们在前一章所观察到的在社区或类似的文化环境中存在的群体认同。① 这个观点更多的是认为民族性群体有建立独立国家的权利（a right to statehood），因为他们"稳固了自我认同（self identification），确保了归属感，人民个体的自尊受集体保存的个体间尊重的影响"②。除非民族性群体间在各自政治活动上不存在分歧，否则他们就不能够得到相同的尊重，继而其成员亦是如此。然而既然成员的自尊是和他们的民族认同紧密相连的，那么对民族的不认可无疑就剥夺了对他们个人的认同，因为有这种认同，他们才拥有生存权和过上幸福的生活，也就是他们的自尊。③ 因此也许可以这样认为，当不被认同时，他们诉诸武力的做法即使是不可宽恕的，也是可以理解的。

这个观点有很多问题，如上一章我们说到的，如果受到挫折的民族认同不能作为发动战争的正当理由，那么为了确保和平至少也应受到调节。它给人们提供了对各自民族的认同，要么像现实主义者的模式直接给予，要么像一个自由主义者那样，作出完美的选择。无论以哪种途径，都提供了自尊的源泉。然而，有个大错特错的观点，就是认为民族成员资格是自尊之源，这个观点的错误在上面的例子中表现为，认为政治运动参与了锡克教从宗教认同到假定的民族认同的转化，因为，我将论述，这个观点从一个对任何人都无害的自尊之源的前提开始，导出的结果将是世界处于战争的持续危险之中。

当然，不难理解人们会为自己的宗教、语言以及其他诸多文化

---

① 参见查尔斯·泰勒：《承认的政治》，收录于 A. 歌德曼主编：《多元文化主义》（Charles Taylor, 'The Politics of Recognition', in A. Gutman (ed.), *Multiculturalism*, Princeton：Princeton University Press，1994）。

② A. 玛格丽特 & J. 瑞兹：《国家的自决》，收录于 J. 瑞兹：《公共领域中的伦理学》（A. Margalit & J. Raz, 'On National Self-Determination', in J. Raz, *Ethics in the Public Domain*, Oxford：Clarendon Press，1994. pp. 133-134）。

③ 参见约翰·罗尔斯：《万民法》（John Rawls, *The Law of Peoples*, Cambridge, MA：Harvard University Press，1999，p. 34）。

因素感到骄傲，同时人们引以为豪的因素和他们如何认定自己的方式之间有着紧密的联系。角色理论再一次为此提供了模型。例如，作为一个大学教员，只有当他认为担当这个社会角色对感知自我很重要时他才会以教学为荣。当他感觉这个职业重要时，"一句话，一个笑……或者其他任何贬低的信息"才能使人感到自尊心受到伤害，继而产生争执。如果这种贬低不是针对个体行为，而是对于整个社会所有大学的教育者，那么，如果这种贬低现象足够普遍，很可能会引起群体性的回应，甚至可能会促使个人加入到他的职业中去。确实，他引以为自豪的仍然是他的教育职业，而不是哪一个教师职业群体的成员身份。诚然，一个人可能会以前者为豪，但没有人会为后者感到骄傲，因为一个人保留群体本身——也许只是出于自我满足，使自己分离于其他群体，也可能是其他什么原因——或者是出于和其他成员的关系。

支持这一现象的背后原因也同样支持其他任何文化特征以及那些具备这些特征的群体，以至于人们完全不需要按照其特征严格对比自己属于哪个群体，而只依据那些特征就能实现自我识别。人们也许对其所在群体的种类和局限并没有清晰的概念，群体内的其他人也不需要这种概念。群体以外的人创造了这种概念来一般性地进行区分，所以作为群体成员而被轻视的感觉也根源于此。很多时候这样的感受是完全正当的，因为具有一些特定文化特征的人群总是备受欺辱，如罗马人或其他一些游牧民族，而他们的生活方式又使得他们很难组织起来予以反抗。然而，当原来的优势地位逝去，或为政治运动寻求支持，而描绘一个面临威胁的同时是个人骄傲之源的特定文化特征的行为中，往往并没有真正的贬低存在。已经形成的局面就像任何的反政府运动一样，采纳作为他们民族建设过程中一部分的策略。这里的目标当然不是不被承认的政治认同，而是个体与国家视为同一，所以对国家的轻视变成对他们的轻视，国家的争执变成他们的争执。

自豪与憎恨

身份政治，我希望声明，包含了对我前述策略（或类似策略）的依赖，即认同与区别是基于人们不同的情感类型而构建的，也就是说，是基于对他们自己是哪类人的理解的不同——这里给出的骄傲、羞耻、爱与恨的示例，继而，恐惧——霍布斯所说的"不同"——可能是共有的情感使人们走到一起，而不是其他什么一般认同。愤慨、愤怒、怨恨与仇恨同样是这样：在面对他们的目标时所有的这些情绪都能带来团结，但是，虽然他们对准了其他的人，他们对准其他人的是其他人对他们的不公态度——而不是他们是谁。当我们以人们做了什么为荣，或以他们做了什么为耻时，我们认为荣或耻的是那些人：他们的行为使得他们成为我们那些情绪的指向对象，这样的情绪可能在行为已经被遗忘时而长时间的存在，或脱离那些行为发生的场合而存在。

通过这些事实，我希望说明的是，身份政治导致暴力的出现。它们是新式战争的原因，在几乎所有的案例中，突破传统的正义战争原则的基础，尽管这些原则在国际法中显然是不能更改的。我论及的战争的原则必须是公正，而这种公正是从正确的意图开始的。正确的意图，从一个广义的角度上讲，是对公正的和平追求，但实际上被允许的意图则来自憎恨与蔑视的动机。因此圣·奥古斯丁责难道："热心带来伤害，残酷带来（不成比例的）报复，不满足和贪得无厌的灵魂、野性带来（不加区分的）战争，欲望带来主宰，等等之类。"① 因为，正如这段话阐明的，在这样的错误的意图下参与战争，会改变战争的性质，这样，不仅诉诸战争权（jus ad bel-

---

① 引自 W·L·拉·克劳克斯：《战争和国际伦理》（W. L. La Croix, *War and International Ethics*, Lanham: University Press of America, 1988, pp. 63-64）。

lum）的要求被打破，战时法（jus in bello）的要求也被打破。这正是我们在新式战争问题上遇到的。

这时，我们应该关注这样的问题，那种像自豪一样的、对来自于我们和我们身边人士的高贵品质的反应而形成的良好情感，如何转变成为一种导致"残酷"和野性的力量呢？在前面的内容里，我定义了民族化，可以说，是那些情绪成为了制造新式战争政治条件的因素。但这还尚未告诉我们为什么那些战争应该有它们经常表现出的特征。对此的一种解释是，持卢梭观点的人从"自爱"（amour de sot）到"自豪"（amour propre）转变的论述，这种转变很简单，而变得危险：

> 它的"自爱"在我们真正的需要得到满足时而得到满足，但是"自尊"，它做出对比，从来没有也不可能得到满足，因为这种情感——爱我们自己胜过爱他人，同时要求他人也爱我们胜过爱他们自己，而这是不可能的。这就是自爱形成温和的和喜爱的热情，自尊形成憎恨的和暴跌的热情的原因。①

在另外的场合，卢梭论述到，当自爱的热情占据主导地位时：

> 通过（在心理）设置障碍的方式来躲避他们的目标，他们变得更加关注那些能够避免目标的目标而不是目标本身，以获得该新目标。接下来，他们将改变他们的本性，而变得充满愤怒和仇恨。这就是自爱，一个良好和绝对的情感如何变为自豪，一个与对比我们和他人相关的情感。自尊……获得满足的

---

① 让-雅克·卢梭：《爱弥尔》（Jean-Jacques Rousseau, *Emile*, 1762），引自蒂默西·O·哈干：《卢梭》（Timothy O'Hagan, *Rousseau*, London: Routledge, 1999, p. 173）。我感激蒂默西·O·哈干对"自爱"（amour propre）的论述，同上书，第四章。

途径，不是通过我们自己的好，而仅是别人不如我们。①

然而，如果我们不能理解一个人的"真正的需要"是他人的 73
"关注"——"自己被关注的希望"、"贴近他内心的需要"②，我们
就不能理解为什么适当的自豪会转变成憎恨。这些被关注的需求，
到目前为止，是"绝对"的而不是"相对"的情感。

在卢梭的论述中，自尊需要"他人的关注"，因为一个人不会
从别人根本不会认为有价值的事中获得自豪感，人们不会因此尊重
他。他能够"心系"那些尊重他的人。接下来，是社会关系的论述
和社会联系的形成。但这并没有社会群体形成的论述，因为迄今为
止没有关于以下两类人存在界线的迹象：一类是与我们有那些联系
的人，另一类是我们不对他们说谎的人。由此，卢梭所言的从正常
的自爱到过分的自豪证明了一个观点，尽管卢梭本人并未给出。假
如我们遇到一些人，对于我们自以为豪的事，他们却并不感到自
豪，而以其他事情为自豪，比如说，以一个不同的宗教为自豪，那
么要他们像我们的同伴一样对我们表达同样的尊重的确是不可能
的。这里我们需要他人关注的动机遇到了阻碍，但我们只有在将一
个人的反应与其他人的反应相比较时，才能够确定它是一种阻碍。
正是在这一点上，卢梭继续说到，我们基于我们认为有价值的事的
适当的自豪，转变成为对那些将积极价值评价置于其他方面的人的
憎恨。一个特定类型群体的源头，我们可以追溯，正精确地表现出
这种情感的历史发展脉络。

这是能够避免的吗？大体上讲，卢梭也并不确定。他被指称代
表一个转变，这个转变是从充满为荣誉而斗争的等级社会的主张，

---

① 让-雅克·卢梭：《对话》(Jean-Jacques Rousseau, *Dialogues*, 1772-6)，引自蒂
默西·O·哈干：《卢梭》，177 页。

② 同上。引自茨维坦·托多洛夫：《寻常》(Tzvetan Todorov, *Life in Common*,
Lincoln, NB: University of Nebraska Press, 2001, pp. 11-13)。注意卢梭将"自爱"
(amour proper) 的概念时而用于"合适的"时而用于"不合适"的自豪。

到共和政体的主张，在后者之中，通过实现人与人之间具有"政治上的平等尊严"，而以此解决之前始终存在的问题。① 即便如此它也没有告诉我们关于共和政体的社会中人与人之间关系的任何信息，卢梭在这里很喜欢使用民族的概念，他通过论述共和政体中的人们可能会被群体中的自豪所调动，而给"民族"以支持，但并没有完全涉及他在其他场合论及的这个情绪的危险结果。也许这是因为他认为与其他群体的冲突只是偶然的，群体的内在团结动力来自于一个共同的目标，而不是他们与群体以外的人的区别。如果后者是正确的，那么有理由相信，正如我们所看到的，在身份政治中（因为共同的目标不能形成共同的特性）是否在群体之间争夺荣誉是难免的呢？这是否会"刺激和加剧人们的激情从而使得所有人变成竞争者、对手甚至敌人呢"？② 或在群体内部关系中人们之间能否有平等的尊重呢？

我们没有办法得到一个令人欣慰的答案，因为同等的自尊是来自共和政体，而这在国际上是无法创造同样的平等的。取而代之的惯例是政治家们在国际交往中不考虑彼此的认同，因为无疑两个由于各自的认同而自大和相互轻视的人无法进行有效的沟通。但这正好在尝试改观，在国际上，角色政治正在试图取代身份政治。在身份政治的规则下，人们可能会被拉进卢梭预言的相互仇恨的冲突中，因为不同民族性群体的普通成员，不同于政治家，不在相互尊重的类似框架下互动，他们对对方的举动，在战时或双方存在战争威胁时可能会表达出因为受到创伤而生成的仇恨，或者仅仅表达出易于受到攻击的样子。自豪勾画了新式战争的特点。另外，具有不同利益、身处不同政治组织中的公民，与前者不同的是，在他们的

---

① 查尔斯·泰勒：《承认的政治》（Charles Taylor, 'The Politics of Recognition', pp. 44-51）。

② 让-雅克·卢梭：《演讲录》（Jean-Jacques Rousseau, *Discourses*, 1750-1755），引自茨维坦·托多洛夫：《寻常》，21页。

互动中，有表达理解对方所处位置的资源，因为他们在不同群体中扮演着同样的角色。因此，他们甚至仰慕对方的表现，即便他们的目标也许是相互冲突的。这使元首和人民离正确意图的要求相去甚远，前者会发动战争，后者则会参与战争或支持战争。

复　仇

利益斗争将带来不必要的暴力循环。假如诉诸战争，战争成本将会比战争所保护的利益更大。这种考量迟早会带来对和平的需求，尽管那时利益仍然处于未受保护状态。一旦发生事关国家认同或骄傲的战争，对荣誉的争夺就会表现为别样形态。因为在这里，用霍布斯的话来说，"暴力被用作对轻视的一种报复"。复仇就是使其他的情感变为类似羞耻的情感，这种羞耻感正是他原本就要加之 75
于（群体以外的）人的，或者更确切地说，一种更甚的羞耻感。这将基本上不可避免地引起暴力的反应，反过来，一个报复的循环就这样形成了。问题是虽然报复实质上是对他先前行为的"找平"，但并不存在一种方法可准确衡量何谓公平找回。"与谁扯平"很少被一个"被谁扯平"的人接纳来形容自己的行为。这一论述依赖于卢梭的观点：自尊……永远不能得到满足，因为它寄予不可能的情况当中。是什么使得对报复的公平的计量成为不可能呢？是各方之间对冲突造成的伤亡与蒙羞的判断不同。因为各方对己方的判断会比其他方对本方的判断高些，所以各方判断己方在要与敌人扯平的战争中，伤人者比己方的伤亡少，这样，这个循环就延续下去了。

这里，区分报复（revenge）与报偿（retribution）是非常重要的。报偿的概念是对一些人造成打击，因为他们应得如此，这里这种计算赏罚的方法是一种针对错误行为的去人性化体系。那些对过错方报偿的施与者需要不带有个人愤怒，即使他们（内心）充满愤怒，当然，一般情况下他们没有。他们也许仅仅是要强化对区分正误的秩序的遵从，不像复仇者那样，必然总是出于一种强烈的个人受到伤害的感觉。一旦冲突双方均接受了这种秩序，承认了他们所强化的规则，报偿的行动将会终止，这就像施与报偿者经常强调的：惩罚，"是为了消灭犯罪并重建正义，否则犯罪将会一直存在"。这就是说，让事情回到一个有道德的状态，错误行为将被报偿所消除。① 在报复的情况下，正如我们可以看到的，这种终止是不会发生的。

在战争中一方的动机往往宣称是报偿而不是报复。为了展示这是一场正义的战争，就需要展示发动战争的意图是正当的。发动战争的目的是维护正义，并在正义的名义下给与对方应得的惩罚，正如奥古斯丁所说："是对方的错误行径迫使英明的领导者动用武力的。"② 这种惩罚性理论主导了中世纪的思想，但是，如我们所见，它也给我们听谈论的现代防御理论以支撑。原因也许并不难于发现；因为，当我们很容易采纳对攻击进行防卫这一条件时，什么情况是错误的这种更一般的问题却尚未定论。这意味着对攻击行为合理的回应被国际性地纳入法律中——正如现实中的情况，通过联合国的努力，尽管存在困难——然而还没有提出一个可能与"错误的行为"相关的解释。③ 此解释可能涉及一系列的惩罚措施，针对他们认为的对一些事情可能会单方面诉诸武力的人，包括那些仅仅凭借自己的假设就要制造不公平的人，和那些不遵守双方都能接受的所有一般性原则的人。很明显这种情况不能涵盖于国际法框架内，所以认为此类作为纠治行为的战争行动不能因它们强迫地维护了国

---

① G. W. 黑格尔：《法哲学原理》(G. W. Hegel, *Philosophy of Right*, trans. T. M. Knox, Oxford: Oxford University Press, 1942, p. 69)。

② 引自拉·科洛伊斯：《战争和国际伦理学》，63页。

③ 参见杰弗里·拜斯特：《1945 年以来的战争和法律》(Geoffrey Best, *War and Law since 1945*, Oxford: Clarendon Press, 1994, pp. 182, 229)。

际秩序而获得合理性。

这种单方面认为的不公平已经成为了一个十分主要的战争原因，在新式战争中它也有扮演这种角色的危险。例如，在中世纪的十字军东征中，十字军为从穆斯林手中重新获得圣地而战，原因是它本身就是："基督教的正当财产，因为它因基督教的占有而神圣。后来成为基督教国家的罗马在一场正义的战争中占领了这片圣地。"① 不用说这种原因在穆斯林看来是没有什么说服力的。传教士会在说服基督徒时遇到困难，其中一人谈到："有些人说：'穆斯林没有伤害我，为什么我要参与十字军讨伐他们呢？'但如果他们仔细想想，就会理解穆斯林对每一个基督徒都施加了巨大的伤害。"②

同样的想法会在类似原因引起的战争中出现，因为，例如，在那些讨伐异教徒的案例中其他人如果在被认定的穆斯林的土地上定居下来，也会受到同化和惩罚。在很多此类的案例中，正如十字军东征时明显表现出来的，身份认同被应用于政治实体以外的地方。诚然，像这样的实体要求补偿固然不能称之为错误，然而，不同文化带有独特的公平正义的标准，宗教文化也是普遍如此。很明显，为一次让自己记忆深刻的伤害而进行报复不能达到对冒犯行为的威慑效果，那只是自卫而不是正义的报偿。

同样明确的一点是，当被伤害的一方是判断伤害的唯一仲裁时，受害方施与的报偿行为就与为终止暴力循环的报复行为没有充分的实质性区别。当这种情况出现时，一个人自己的准则被打破的感觉很可能引发能够使得报复行为十分危险的憎恶感，同时，当战争达到针对施暴者报偿的目的时，没有任何制度化的保障措施来将之纳入国内法的运作之下。"憎恨的情绪和报复的想法，是人性重

77

---

① 乔纳森·瑞丽-史密斯：《什么是十字军东征？》（Jonathan Riley-Smith, *What were the Crusades?* Houndmills：Macmillan，1977，p. 20）。

② 同上书，30 页。

要的组成部分，应当在一般和公共习惯当中得到满足。"这种满足将通过惩罚"那些拒绝接受应得惩罚的粗鄙行径的方式"①。然而私人报复和公众惩罚有别，不能推及惩罚性战争范围里，因为即使当这种报复是在正当权威的监督下，这个权威也很可能是代表错误一方的利益，而不是站在局外人的角度来看待整个事件。

正义战争的基本原则是，无论已经发动或准备发动战争，其比例必须在监控之下，也就是说，无论是在自己招致错误还是击退对方攻击的情况下，其受到惩罚的比例必须与人们在其中承受的痛苦成正比。这在常规自卫战争中可能相当容易去测量，因为以多大的武力去保卫人民和反抗侵略是可以计量的。但通过先前的讨论，很显然在惩罚性战争中不存在这样的测量标准，因为受害方成了判定自己受害程度的法官。受害方认可的比例可能在另一方看来就不成比例，正如在报复性战争中，冲突会不断升级。在新式战争中这种情形屡见不鲜，当一个地方性群体一旦认为他们所处境况达到应该使用武力做出回应的程度时，国家的尊严就会被严重冒犯，于是被压抑的不满情绪大范围爆发，愤恨被点燃，武力反对获得支持，形势开始螺旋式上升式恶化。

没有比在报复性战争中更能形象地观察到这种情况了。"报复（Reprisal）"在战时法里属于技术概念②，但其中的冲突行为却有与
78 战时法相左的时候，如攻击平民，当这种行为是为了回应敌人的违法行为，目的是阻止其违法行为，因此他就是在执行战争法，只要这种行为较之敌人的违法行为是成比例的，除一些例外，这种行为就是被允许的。在特定时期报复是危险的武器，激起反报复情绪、

① 詹姆斯·菲茨章·斯蒂芬（James Fitzjames Stephen），引自泰德·洪德里奇：《惩罚：假设的理由》（Ted Honderich, *Punishment: the Supposed Justifications*, Harmondsworth: Penguin, 1969, p. 29）。

② 见杰弗里·拜斯特：《1945 年以来的战争和法律》（Geoffrey Best, *War and Law since 1945*, pp. 311 ff）。

升级冲突通常是违法的，如在第二次世界大战时期，德国 V 形复仇炸弹（这里 V 指的是复仇）一度狂轰滥炸，区域爆炸达到顶峰。这种攻击，就可能是在全面违反军事法律的情况下的授权。就任何致力于加强军事法律效力的真实信念来说，这都是无法避免的。在新式战争中，报复不能被寄予任何调节武装冲突的希望，而纯粹是一种针锋相对的对决，有时可能是蓄意策划的对部分成员不法行为的震慑，从而使整个地区的人民陷入恐慌，但更多的时候只是为了表现仇恨，只有当他人被臣服，这种情绪才得以减轻。

民族主义情感

我在说明身份政治引发战争时对其进行了十分消极的评价。反对者会说，这很不公平，因为基于类似认同的情感也可以是令人钦佩的，而不是卑鄙或者危险的。难道我们不可以爱他们而不是恨他们，在他们面前表现谦逊而不是傲慢吗？为共同拥有的国家、信念或其他一切而爱，为共有的观念或历史而谦卑。我认为我们可以马上放弃这种观念。比方说，对于事业的谦逊事实上与以之为傲是一致的。诚然，它们看起来是依赖这种自豪的，因为如果没有这种自豪感，那么对一个人来说面对职业的需求和需求得到满足之间的差距就不会有羞耻感了。如果是这样的话，那么当低估了一个人的事业时，就易于产生之前所述的效果，即如果这种低估是集体性的，而被轻视的话，就会产生潜在的冲突，而且这种轻视还会通过被另一个群体冠以不同的认识而放射出去。自豪的危险潜伏于那些自卑和骄傲的人身上。

爱也有它自己的危险。卢梭在论述社会关系的发展时提到：79

温柔甜美的感觉能渗入人心，但至少会变成障碍，成为一种狂暴的愤怒。嫉妒因爱而苏醒；混乱秩序出现，最温和的热情都让人类付出了血的代价。①

所以说如果一个人要主张民族认同（或其他类似内容），其所表现的对国家的爱或任何其他的情感都必须被重视。因为身份政治要求爱或类似的情感，这样身份政治才能够起作用。因此作为一个优秀的英国人他需要对英格兰有深深的热爱，一个优秀的穆斯林就要热爱《古兰经》等等。优秀的公民，或者优秀的士兵，却不被要求具有类似的情感。这里所有的要求仅仅是按角色行事，任何风险以外的事都不需要——一种可能会破坏服从的情感反应，这种服从是对角色施加约束的，尤其是在军队中。

当然，这并非要否定爱国主义，爱国主义可能在上述两种角色中都是必需的，但这和国家民族主义者所需要的爱国完全是两码事。② 在西塞罗传承下来的共和传统中，对爱国的解释是一种忠诚和尊重，通过服务和照顾公民同胞表现，关注使得公民能够成为市民的政治实体。很久以后，卢梭自己又阐明了对爱国中爱同胞和爱国土间的区别。前者是对先前引用的他那段话中论及的情况有几分恶化的理性反应，不容易受到影响，因为它并不像那种"温柔甜美的感觉"那样需要占据人的心灵，因此它不会变为"狂暴的愤怒"。对国土的爱，相反在大多民族主义者的想法中，被视为一种激情的，而不是理性的反应——在政治组织之前存在而不是之后。占有，在某种意义上，是它的目标，而不可能是热爱同胞。对国土的爱激发的行为就是保卫国土安全，而非履行一项常规的义务从而证明对同胞的爱。

<hr>

① 让-雅克·卢梭：《演讲录》（Jean-Jacques Rousseau, *Discourses*, 1750-55），引自蒂默西·O·哈干：《卢梭》，164页。

② 进一步的论述见毛里齐奥·维罗利：《对国家的爱》（Maurizio Viroli, *For Love of Country*, Oxford: Oxford University Press, 1995）。

一个民族主义者对国家的爱的结果，体现在对领土占有的最粗略表现，当然，就是对领土的唯一占有。我们有必要问为何对土地的爱总要伴随着对土地排他性占有？这可能有许多其他的原因。它可以仅仅是反映了需要它们的人的兴趣，合理地或掠夺性地占有，可能是，经常像前例那样，当地居民感到土地所有权受到威胁，或者，像后者那样，殖民者要把土地划入自己版图。这两种情况都能引起战争，而战争将导致人口大量迁移。然而，当这种战争和身份政治相联系时，就会导致先前的邻居间的武力相向，这种需要甚至会导致"种族清洗"甚至种族灭绝行为。不单武力上如此，而且在情感上也表现出强烈的愤怒和嫉妒，这些情绪因他人分享着土地而被唤起，即便这种分享并没有严重威胁其利益，而且以后也不会威胁。对土地的排他性占有有更深层的原因。

我们可以看到，如果我们换另一种不是基于土地关系的认同，当独自占有的需求不能够源于对土地实物本身的兴趣，我们就能发现其深层原因了。例如宗教身份是与其神圣的经文紧密相连的，它的信徒们会要求对其经文排他性的占有。这里所占有的是对经文的一种而非另一种解读，于是在基督教里就分出了天主教和新教。前者通过教堂的传统阅读经文，后者则是通过个人对上帝的信仰。类似的不同情况也存在于伊斯兰教和其他以圣书为依据的宗教中，而且这些宗教，例如基督教，当为了政治性目的而需要区分身份时，能够自我提供一种清洗异教徒的动力。对圣书的爱竟然导致了流血的发生，这是怎么回事？

我认为答案事实上存在于占有的意识，那种民族的或类似的情感本质上是在寻找对一种事物的共同理解，世界的其他特征都由此而明晰。就像是一个吃醋的情人担心情敌在他所深爱的人身上发现了他不能发现的东西。为了否定其存在，于是就会千方百计地要除掉情敌。所以当民族主义者认为自己是爱国者时，对非民族主义者的爱国方式就会愤恨。同理，宗教信徒作为经文的情人当看到异教徒在看本教经文时就会动怒。在这些例子中，身份是在共同的文化背景和社会实践活动的基础上形成的对世界的一些共同认知。在爱国的例子中当他们大力描述自己国家的山河时就能表现出来；在宗教的例子中以及不同的宗教仪式上也是如此。无论哪种情况，当另一种文化符号出现在相同的公共空间，就会被视为一种外来的侵扰。其实真正的威胁来自于其他方面，来自于经济发展对当地文化习俗的影响，使其发生了变化。较之一些外来的身份群体，这些异质因素更难以辨别；虽然，泛伊斯兰主义者集中地把这些外来身份群体称之为"西方人"，把他们排斥在统一的伊斯兰世界之外。

共有的世界观及其内在的价值观使得他们区别于其他人，从而形成一种社区。有人会称之为一个能够共同交流的社区。① 对相同宗教的回应，使得人们能够共同认知自己，并团结在对"爱的目标"达成的共识之下。观察一个特定人群的认同我们必须知道他们爱的目标是什么。② 圣·奥古斯丁定义的人民或社区就是指把拥有相同价值观特别是相同宗教信仰的人归在一起，使他们区别于其他人而存在。有人认为其特定的成员可能是忏悔式的，自愿接受一种共同的信条并遵守它。但他确定成员关系的标准和那些为了寻求共同利益而形成的群体关系，如一国或政治团体间的成员关系，是完全不同的。因为后者是由特定的角色和承担的义务来组成的，而前者如我们在之前的章节所看到的其成员角色是不确定的。他们的成员标准取决于成员需拥有正确的情感，他们的行为务必在此种情感的指导之下才被认可。然而，这不同于角色表演，对其评估不需要跨文化的标准。那么如何拥有此种情感呢？

---

① 在吉恩–卢克·南希（Jean-Luc Nancy）之后，由寇斯塔·多兹纳斯（Costas Douzinas）在《人权的终结》（*The End of Human Rights*，Oxford：Hart，2000，pp. 212. ff）一书中加以讨论。

② 奥古斯丁：《上帝之城》（Augustine，*The City of God*，many editions，XIX 24）。

毫无疑问对这个问题有多种答案。但在我们结束本章内容之前，我们必须提到身份政治中的一个一般要素，那就是超凡魅力领导者在认同群体，尤其是战争相关的群体中竞争时的地位。这使我们想到了马克斯·韦伯划分的三种权力，这三种权力均能够鼓动人民，并赢得人民的服从：基于理性的权力，因为领导者占有合法的地位；基于传统，领导者拥有习惯认可的地位；基于个人超凡魅力，领导者拥有"独特的个性魅力"①，并且这种魅力能充分体现在政治和军事上。领导者固然需要成功来稳固自己地位和权利，但这并不是基础，基础来自于人民的认可和支持。我们可以说，人民认可他，是因为这个魅力超凡的领导者展示了他领导的人民身上的特点。他来做这样的事，是因为通过言语或行动，他能够清晰地向大家揭示"他们共同的爱的对象"。人民追随的是他的榜样魅力，而并非群体身份之外的什么值得崇拜的东西。什么值得崇拜，其衡量的标准是自定的，于是这里就存在伦理上的危险。如韦伯敏锐地指出：因为"超凡魅力只知道内在决断力和内在制约"②，但这种内在制约又不同于理性的或传统政府的制约，所以，在由米洛舍维奇或奥萨玛·本·拉登所领导并引发的新式战争中，我们几乎很难看到有这种内在制约。

①　H. H. 格斯、C·赖特·米尔：《来自于马克斯·韦伯》（H. H. Gerth & C. Wright Mills（eds.），*From Max Weber*，London：Routledge & Kegan Paul，1970，p. 295）。

②　Ibid.，p. 246.

第五章　战争行为

极端主义

84　　能够激起人民发动新战争的各种情绪即为极端主义的特征。这些情绪源自群体自身内部的群体价值观和世界观，由于和群体之外的价值观和世界观不同，因此当产生冲突时便很难找到相互理解的平台。然而，极端主义却是一个很模糊的概念。它可以指那些持有极端观点的人，也可以指那些鼓吹采取极端行为的人。但两者之间是相互联系的，因为当一个人在采取极端行为时所表达的观点通常也是极端的。对此，我的意见是，我们可以持有看起来略显极端的想法，但不能任其从政治核心中广泛地分化出去，政治核心是由大多数人支持的，但这并不能证明大多数人不会持有极端的观点，很多事实证明这是很可能发生的，因为极端主义并非中间路线主义的反面。同时也不能让那些极端的观点像激进主义一样对现实不满，因为其产生的作用力会像激进主义一样极端。

与极端主义对应的是中庸主义，即我们通常所说的"修正"，就像造船一样，要不断调整船体两边的重量以避免由于一边太重而导致翻船。① 中庸主义者不相信那种单边思想，一味为了追求其政

----

① "修正"的最佳辩护者是乔治·萨维尔（George Savile）、劳德·哈利法克斯（Lord Halifax），参见 W. 瑞雷福：《乔治·萨维尔全集》（W. Raleigh, *Complete Works of George Savile*, Oxford：Clarendon Press，1912）。

治目标而采取常规政治之外的举动，从而破坏现行政治制度的稳定。而极端主义者的立场是要像修正主义者在英国内战中看到的那样，要采取一般政治规范之外的一连串行为甚至使用暴力。极端主义者被一些狂热的信念和理由所激励，不愿采用具有那些安抚性质的和折衷性质的一般政治程序。他们确实也会厌恶自己在那些行为中所表现的缺乏原则和无道德顾忌，但比起苟且偷安的生活而言，他们认为自己的行为是合理的。而中庸主义者恰恰相反，他们特别相信理论的作用，尤其基于演绎推理的道德方面的要求，而并不是依赖现实经验。由于对理论的偏爱，因此中庸主义者只会做那些符合自己身份政治权限之内的政治活动。

　　但我们不应该认为极端主义者处于某种病态的心理状态，不能协调两种对立的事物，比如个人自由和社会秩序，对于这两方面中庸主义者一直在努力试图权衡。① 极端主义者绝非失去理性，他们可能很理性地得出自己政治的最终目的是常规政治的瓦解，因为在这样的政治体制里他们不可能实现自我。我们也不应该认为极端主义者生性暴躁，不能容忍他人的观点。据我观察，通常来说他们会从反对派那里寻求不同的理想，只要不是在同一公共场所和政治层面上，他们是能够相当容忍的。只有在这个层面里，极端主义者才会不同意反对派提出的一切关于磋商和相互让步的要求。有人认为，现今这种中庸政治就是力图把各种利益不同的实体团结在一起。而极端主义则采用一种激进的政治风格，群体成员基于共同追求个性化的价值而团结在一起。② 这种政治为使用武力提供了动力支持，而这种动力支持在常规政治中是不存在的。正因如此才使其很容易引发新式战争。对于发动战争本身而言可能是适度的或者极

---

　　① 参见西奥多·阿多诺：《权威人格》（Theodore Adorno, *The Authoritarian Personality*, New York: Norton, 1969）。

　　② 见诺埃尔·O·苏伊凡：《法西斯主义》（Noel O'Sullivan, *Fascism*, London: Dent, 1983, pp. 34—37）。

端的。

乍一听可能会让人吃惊。纵观众多可怕的战争，我们无论多么不情愿，却还是不得不同意一位英国海军上将曾经说过的："战争的本质就是暴力！在战争中温和适度是极其低能、愚蠢的行为，一开始我们就打！狠狠地打！彻底地打！"[1] 海军上将费希尔曾一直努力对致力于限制作战方式和手段的 1899 年《海牙公约》提出告诫。他的告诫主要是体现在寻求更为详细的战争惯例法。对于传统的正
86 义战争，人所共知的规则不但包括何时发动战争是可取的，还包括在战争中依据战时法规定采取可取的行动。反抗这种规则即有时所说的军国主义[2]，是一种偏离，扰乱常规只为了所谓的更高目标，对于常规缺乏冷静的认识。托尔斯泰作为一个和平主义者，基于那些军国主义者提出的建议的反面考虑来反对《海牙公约》。他认为对战争设立的一些限制只是掩盖了战争的本质却使得战争更加容易被引发。托尔斯泰认为，在生死悬于一线的战争中，那些所谓的战争禁令根本就是不切实际、无法存在的。我们反对战争更应该"通过蔑视那些屠杀者即所谓士兵的方式"[3]。

这并非关于和平主义的讨论，我们撇开它不谈，那么士兵和杀手到底有什么区别呢？广义上讲，士兵在参与战争中扮演着既有特定权利又有特定权限的参战者角色。这种把当兵看作是一种很好的谋生方式，体现了勇敢、忠诚的品质以及骑士精神等等一些对士兵角色的描述，对于那些非和平主义者来说是能够接受的。这和杀手是不一样的，杀手并不能实现这种社会功能，他们没有社会权限，

---

① J. A. 费希尔（谁引入了大无畏的人）(Who Introduced Dreadnoughts)，援引莱斯利·C·格林：《武装冲突的当代法律》(Leslie C. Green, *The Contemporary Law of Armed Conflict*, Manchester: Manchester University Press, 2000, p. 17 fn)。

② 参见 A. J. 考特茨：《战争伦理学》(A. J. Coates, *The Ethics of War*, Manchester: Manchester University Press, 1997, ch. 2)。

③ 列奥·托尔斯泰：《图拉论文》(Leo Tolstoy, *Essays from Tula*, London: Sheppard Press, 1948, pp. 218, 221)。

而且也不能称之为有效的谋生手段。但是为什么同样都是杀人，在这两个概念中却有着如此天壤之别的特征呢？我认为，这并非因为动机的不同：因为一个杀手的杀人动机可能是满怀崇高气概的为民除害，而一个士兵杀人的动机可能只是为了给自己的同伴留个好印象。这也并非因为产生的结果不同，因为前者很可能会产生比后者更好些的社会效果。即使士兵在权限之内的所作所为也不能表明其和杀手的不同。比如说作为政府的刺客，其实也就是一个杀手，还有当士兵通常所说出于自卫而杀人时，事实也往往并非如此。

　　确切而言，士兵和杀手两者之间真正的不同在于他们的目标和方式的范围界限，士兵的角色造就了这些目标和方式，同时这些目标和方式造就了士兵。如果没有这种范围界限，那么就如托尔斯泰所说的了，士兵就是杀手。然而他们的目标和作战方式因为基于军事上的需要是有原则限制的，也就是说，只通过必要的方式来战胜敌方军队。此外，这种军事行动并非死战到底的比赛，它是有社会底线的。战争的结果决定着普通民众的命运，这正是我们之前所说的发动战争需出师有名之所在。士兵如果是为自己利益而战，那么 *87* 战争和为何而战之间的区别就不存在了，同样战争和大屠杀也就没什么区别了。那些代表其他人利益而战的人应该博得交战对手的某种尊敬。如果双方都被认为是在保护人民，那么就应该分清他们各自所代表的是谁的利益。战争中的那些限制性规则正是表现出了这种尊敬。

　　所谓的禁令和通行令都是出于军事上的需要，脱离军事要求，士兵就失去了意义，就无异于单纯的杀手。拿士兵杀人的勇气举例，事实上士兵出于自卫对敌人及其敌方人民所采取的军事行动是有权限的，如果不这样，我们看到的将会是残酷无情、毫无人性的屠杀。士兵要有杀人的勇气，但同时也要有人道主义精神。骑士精神要求尊重武力以及敌方的人民，而不仅仅是冲突中的对手，这与其道德特点并不相关。只有对军事冲突中对抗的双方采用的武力——基于军事要求即赢得战争——加以限制，并使之成为法律，战争中的一些限制原则方能可行。那么并非是因为在战争中采取了错误的行动破坏了战争中的规定而使人感到羞辱，而是因为士兵没能给予对手应有的尊重，依照士兵的要求行事其本身是出于自尊的考虑，而并非为了实现其他的个人目标。

我之前已经提到过从士兵角色中衍生出的战争法条，不久我们将继续探讨其中更多细节问题。就其本身而言主要是基于一般道德上的考虑。然而中庸主义者反对这样的观点，他们认为对于既有的评价什么是好士兵、什么是坏士兵的标准而言，没有比这更具说服力的一般标准。多年来这些标准随着战争的发展也在不断发展。中庸主义者认为我们有理由更加相信他们而不是用一些抽象的价值去证实他们的做法是合理的或去重塑他们。这并不是说我们只直接地考虑战争中的士兵而根本不考虑其他相关的方面。事实上纯粹依据惯例的战争法的出现就主要关注于此，条约法中也体现了政治家们为了履行其义务、保护普通民众的人身安全并把战争的损失努力降到最小的愿望。然而，正是因为我们以公民的身份要求我们的政治家去履行他们的义务，而非出于什么更进一步的原因，才使得我们期望这些政治家去较好履行他们的职责的过程中，尊重并执行这些规范战争行为的条约。如果他们没有这么做，则辜负了我们的期待，把我们置于更为危险的境地。

那么，政治家们对于国际问题的努力如何用来控制由于内部冲突而产生的新式战争呢？法学家认为，因为这种情况下的交战双方不受公约责任约束，这样可能造成双方没有遵守战争条例的足够动机，但他们还是会被强烈要求尽可能地去完全遵守。① 我们的讨论结果是，如果参战的人们认为自己是个士兵，他们就会遵守公约，

---

① 参见海莱尔·麦克库布雷：《国际人道主义法》（Hilaire McCoubrey, *International Humanitarian Law*, Aldershot: Ashgate, 1998, pp. 253-257）。

如果他们只是认为自己在扮演一个不同的角色而已，他们就会觉得没有必要去遵守。这就是我所说的极端主义的潜在危险：实现抽象设想的价值比按照确定的角色行事收获更大，从而使得我们的道德关系变得脆弱而不确定。

适　度

《海牙公约》及其后一系列的条约构成了国际法关于作战样式和手段的主体部分，通常称为《海牙法》。《海牙法》提出了一整套出于人道主义精神的必要原则规定，除了为实现严格的军事目标而造成的必要损失之外，在发动战争时严格禁止一些行为以减少损失。依据《海牙法》，某些武器是被绝对禁止使用的，从最初的1899 年公约被宣布禁用的达姆弹头到生化武器，以及最近宣布的地雷等都在禁用武器之列。同时对某些战术亦加以限制，如不加选择的狂轰滥炸。此外《海牙法》还规定禁止为了实现军事目标而动用超过实际需要的、超大规模军事力量。战争法规定的适度原则被视为对作战中军事行动的约束，使之更为适度，士兵的行为更为合理。如造成比实际军事需要更大的损失，则是士兵脱离本身角色成为另一个角色使然，它源于某种动机，但这种动机是士兵角色所不能接受的。

　　适度原则中的规定及其相关的禁令事实上在新式战争中出现的不对称打击和时常发生的内部冲突中很难被洞悉。如我们所见，对于任何一方面，极端主义者都倾向于尽一切努力去实现他们至高无上的目标。正如俄国无政府主义者涅恰耶夫（Nechayev）论及革命时写道：

　　　　每日每夜他都只有一个目标：残忍的毁灭！要以残酷无情的方式不知疲倦地去实现这一目标，同时他要时刻准备着亲自去毁灭那些一切阻止他实现目标的事物和自身被毁灭的命运！①

当然并非所有的参与者都持有这样的观点，但很多人确实看到了他们的最终目标就是普遍的自由，对于无政府主义者而言，他们的短期行为意味着无论付出多么大的人员伤亡都在所不惜。需要知道的很重要的一点是，适度原则并未许可这样的统计结果。它并不衡量全面的政治后果，而只限定在军事范围内，然而，它在道德上仍是值得表扬的，因为它反对给人民带来痛苦。② 也就是说，它提前要求政客们在对敌方发动军事行动时需合法使用武力。他们动用武力被解释为旨在直接反对国家政府夺取政权而发动战争或试图发动战争。如果军事行动不在战争法允许范围之内，则被视为违背战争法或者视为犯罪。对这种军事行动，政治领导人无权下令发动，士兵亦无权采取行动。

这表明只有当战争被视为正义战争时，而并非仅仅是当冲突双方发生的武力冲突失控时，我们才能考察适度原则及其与新式战争发生时的关系。也就是说，这种战争一定是具有可靠军事目标下的一系列军事活动。在本书中，军事目标包括地区、供给线、基地等，同时还包括敌方军队及其装备等，也就是说，当敌方军事力量相对薄弱时，可以迫使其无条件投降。③ 然而正如我们在开始时所说，新式战争和旧式战争不同，确切地说缺少这种结构，一方面，地方势力群体并未希望拥有比对手更为强大的武力，另一方面，对手国家或联邦亦不寄希望于通过宣扬其较高武力来结束战争，那么对于单纯的军事目标而言，何以评估双方是适度的抑或不是呢？

---

① 引自 W・L・拉・克劳克斯：《战争和国际伦理》（W. L. La Croix, *War and International Ethics*, Lanham: University Press of America, 1988, p. 273）。Nechayev 是在 Dostoevsky's *The Possessed* 中笔名 Verkhovensky 的原名。

② 参见拉・克劳克斯：《战争和国际伦理》，274 页。

③ 见 A. P. V. 罗杰斯：《战场法》（A. P. V. Rogers, *Law on the Battlefield*, Manchester: Manchester University Press, 1996, ch. 2）。

我们可以通过考察他们自身禁止使用什么样的武器和战术来解决这个问题。这种禁用的背后思想并非是因为这些武器和战术过于可怕而不能使用，无论其有多大的军事优势，而是因为它们根本不能成为正当的军事手段，不能成为迫使敌方去计算会造成兵力减少或丧失行动能力等后果的方式，因为这种损失和警告是其目标的固有部分而非负面影响。受其武力威胁的作战方必须考虑到这些。但必须加以考虑的是敌意的升级，主要并非是因其影响到了军事力量的平衡，而是因其造成的巨大损失，因此其结果取决于哪一方更无法接受这种损失。这试图说明没有人能够理智地接受这种竞赛。当然这种做法也表明了一种对结果的评估，对比双方谁在这种非常规战争中造成了相对较少的损失，这可能也正是我们在新式战争中尤其是有宗教目标的新式战争中所目睹的现状。我们所看到的这些结果并非是对双方进行平等的评估，而是把其放在同一个竞赛中评价其相关的损失和数量。那么可以保证，没有人会因考虑到自己的目标根本无法避免损失，就会理智地接受这种不顾忌使用非法禁用武器和战术的竞争；或者换种说法就是，没有人会纯粹为了军事目标而不顾各种禁忌来采取这种武力竞争。

对于适度原则本身也要给予同样的考虑，因为对于一些武器和 91 战术等的禁用是为了尽可能地不把人员损失计算在优势之内。一些缺乏实际军事优势的地方势力很乐于使用其他的方式迫使对方做出让步，如通过过度的暴力袭击，尤其是如果他们确信对方不会采用同样的做法时，正如之前我们看到的，例如不加警告地进行狂轰滥炸从而容易导致对方的部分恐慌。但是不得不承认这种做法确实能够产生一定的军事优势。的确，如果没有这种战争行为，我们就几乎没有战争了。而事实上，我们看到的是那种混合着军事和非军事手段的袭击。例如在非洲冲突里时常出现的破坏农民的村舍和农田，因此除了引起恐慌外还使敌方失去粮食供给和居住地。有些作战方则故意煽动第三方人员的复仇情绪从而使其加入到煽动者行列之中。这本身也是一种军事优势。

适度原则可以被视为限制战术的方法,尤其是那些把衡量标准仅严格限定在军事优势之上的情况。这里提一个很有益的例子就是禁止攻击所谓的文化遗产,包括宗教建筑和历史遗迹。[1] 很显然目前这样的法律并非是为了防止切身的损失,而是很明显,因为攻击这样的目标很少纯粹是因为军事上的需要。第二次世界大战期间英国经常故意以重要的历史文化名城,特别是德国的名城作为攻击目标,于是德国人的"巴尔德科闪电战"(Baedecker)以袭击英国主教堂所在城市作为反击。最近在波斯尼亚发生的一个接一个的清真寺爆炸事件则为更加明显的例子。通过之前章节我们讨论的方法可以得出,这种做法不仅能使敌方士气消沉,而且这种对其民族尊严的打击能够很容易产生其他许多意想不到的结果。事实上袭击对方的文化遗产,可迫使他们不得不考虑这并非单纯的关于军事对抗的优势评估,例如,这会迫使他们看到他们正在冒着失去他们最重要的身份象征的危险。

适度原则中关于反对这种袭击的规定,虽然不是很直接地反对,但还是可以被认为是致力于把身份政治从战争中分离出来,使参战者原则上能够在相同的伦理道德水平作战,没有哪一方会基于伦理道德的考虑而感到占据优势或由于这方面缺失,尤其是在文化上感觉处于劣势。例如,一方不会因为对其特殊的历史遗产的尊崇而处于劣势,也不会因为其哲学信仰中包含较少的对生命的珍视而在战争中处于优势。因为只有在这种前提下士兵才能够严格执行其军人的角色,而并非是脱离这一角色成为其群体认同的代表。由此得出,如果把认同考虑能够尽可能多地排除在战争之外,那么同样,如果我是对的,新式战争中恐怖行动也就会越来越少地出现。

武力惩罚那些违背适度原则的人不被划分在类似的战术里,这

---

[1] 见 A. P. 罗杰斯:《战场法》(A. P. V. Rogers, *Law on the Battlefield*, ch. 5)。

种行动只有在纠正最初的违反行为，通过疏远违反者的手段，而驱使他们进一步陷入极端主义的阵营之中。然而，这未必是对拥有军事优势方产生的重要诱惑，特别是如果已经存在以强大的空中力量和炮火为代表的技术优势时，那么就会很可能出现对敌方不加选择的轰炸和炮击，结果是就相对近距离的军队交战而言，可以造成敌方士兵和非战斗人员的更大人员伤亡以及间接破坏等等。当然其动机就是尽可能使己方人员的伤亡最小化。然而适度原则要求冒着造成己方损失的危险而动用武力，以尽可能减少整体的损失。如果不是这样，那么规定中关于对动用武力的约束就不能被实现了。没有比依靠军事力量上的优势而采取这种战术行为更能激起愤恨，更能挑拨起彻底打破原则的行为。然而这种愤恨源于这里不需要承担士兵角色的理解，而这种理解是需要不断培养而不是要被根除的。

非战斗人员的安全

如果说《海牙法》是人道主义战争法的左膀，《日内瓦法》则是其右臂。《日内瓦公约》中的法规成文之后，《日内瓦法》的叫法便由此得之。其旨在明确如何区别对待非战斗人员以及不再参与战争冲突的人的方式，比如如何对待战俘的问题。后一种人员的待遇问题稍后在下一部分我们再予以讨论，现在我们讨论前一种人即平民。《日内瓦法》对避免平民免受直接攻击的规定体现了战争法惯例中区别对待的要求，从而使士兵把作战目标限定于消灭敌方士兵或使其失去作战能力，而不是对那些非武装平民或非直接参战的人员。区别对待原则是非常必要的，它确保战争只是双方士兵间的竞争，而不是不加区分的人与人之间的自由屠杀。

然而在新式战争中，如之前我们所提到的，这种无限制的残杀行为屡见不鲜。这仅仅是因为失常吗？还是这正是引发双方战争的原因所导致的结果？很多事实告诉我们，恐怕后者是对的。例如在第二章中我们概述了一些势力出于正当理由而作战，从表面判断，似乎像其他任何新式战争一样，应该诉诸武力解决，即为了广泛的自我防御而诉诸武力。但其他的一些原因，特别是第三章提到的合法性要求则有着不同的特点。它不是由当事人所在环境引起，而是基于其特定的认同直接衍生出来的，对他们的现行政治组织模式予以合法化的要求。有很多理由说明为什么这种原因能够导致直接袭击平民或者是少量平民，但也足以让我们扼腕没能够避免这种伤亡。

在此之前我们已经指出了现代战争理论中的自卫模式与较为陈旧的惩罚模式的不同。前者是国家政府出于履行保护普通民众免受伤害的公众义务，确信有必要用战争的方式才能实现这一义务时而做出的自卫行为。后者则视战争为对不公平待遇的惩罚性手段，并没什么需要修正。然而后者这种陈旧的模式通常把自己强加在一种认识之中，认为当认识到这是不公平的待遇，当这种不平等待遇来自非法的政权制度或者是通过支持这一政体而对不公平待遇负有责任的国家，从而要用战争予以回应。由此，那些但凡和这种不公平有所牵连的，在这种通常模式下，都会成为被袭击的目标，不仅包括军队，还包括政府机构、政治家和非法政治制度的明显受益人及其拥护者，因为他们都是不公平待遇的相关者，所以要通过攻击予以惩戒。诚然，通过对他们予以攻击，增加其存在和维持的成本，从而结束这种非法政体的方法，较之单纯的攻击其军队而言确实更加行之有效。

正是由于这种原因，有时是类似的原因，我们时常看到那些地方势力团体进行这种反对活动，甚至是政治暗杀，尽管这有悖于国际法惯例。① 爱尔兰自由邦总统亚瑟·格里菲斯 1922 年在一名爱尔

---

① 见莱斯利·C·格林：《武装冲突的当代法律》（Leslie C. Green, *The Contemporary Law*, pp. 144–145）。

兰共和军领导人被政治暗杀后说道："这种对政治对手的暗杀活动是不能被认可和宽恕的，这是一个文明政府的原则。"① 理由很简单，政治家，通常是政治领导人连同其所代表的政府等才能与其联盟者或反对者通过对话或谈判予以交涉。如果有一方处于冲突之中，与此同时企图暗杀对方领导人，那么这种对话和谈判根本就是毫无用处的。只有那些盲信自己的行为具有正义性的政治极端分子，才把对话和谈判扔在一边而采取这种手段。但正如我们所见，极端主义者们拒绝这种把和平解决方式变成可能的冲突方式的做法。

　　然而暗杀较之我们在新式战争中见证的对平民的袭击行为而言，其恶劣程度就是小巫见大巫了。甚至当这些目标是非常普通的平民时，在这种惩罚性的理论下平民仍然会成为被袭击的对象。这可能是因为这些平民本身对所宣称的不公平待遇负有一定责任。在一种情况下集体负责理论可能会被重新假设。② 这种情况在很多种情形下都会发生，前提是他们负有集体责任。当一个国家的平民由于支持不平等待遇而遭受袭击时，正如"9·11"事件中，那些受害者就被这样认为，因为那些不平等待遇政策是在他们作为国家公民的名义下实施的，所以他们被认为是理应遭受惩罚的。当独立派 95 袭击与其本身一样的国家公民时情况就显得更为复杂了，不单单是拥有共同的公民身份那么简单，而是这些公民被认为是不平等待遇的同谋而成为了攻击目标，如果公民大体上都负有同谋责任，那么独立派也不例外，由此独立派会出于自我辩护而宽恕其他人。再者，即使这通常看起来很可能让人不解，当公民集体对不平等待遇负有责任时，此时是由国家或其他政体组织来代表他们决定袭击目

---

① D. 默塞：《20 世纪编年史》(D. Mercer (ed.), *Chronicle of the 20th Century*, London：Longmans，1988，p. 296)。注意尽管目标是一位英国陆军元帅，在习惯法中，针对某一个人的做法是被禁止的。

② 为了讨论，参见伯利·泰勒·威尔金斯：《恐怖主义和集体责任》(Burleigh Taylor Wilkins, *Terrorism and Collective Responsibility*, London：Routledge, 1992)。

标而不是他们本身。这正是战争所要达到的目标：通过这种规则的
实施，尽可能地分化公民群体。要对公民群体进行攻击，否则就无
法体现他们的角色所赋予的权利。但是，如果人们没有因此被视为
公民中的一员那么所有假定的对他们进行攻击的正当理由都会消失。

通常因为他们的不同认同，会使得他们更加容易受到攻击，比
方说他们遭到袭击可能仅仅因为他们是塞尔维亚人，而不是克罗地
亚人。既然这样，那么似乎就不能严格地主张说他们应该遭到惩
罚，因为他们既不为他们所具有的认同负责，也并没有参与那些和
他们的认同相同的人的所作所为。可是只有当认同视为是拥有种族
划分的原始特征时，较之推定其为某政治团体的成员时，通常更容
易受到袭击或驱逐。前提就是那个种族或民族本身负有责任，而它
的每个成员需独自承担这种责任。然而这种观点只能出现在身份政
治理论的边缘处，因为这种理论不但假定人们必须同其原本所在群
体相认同，而且这样做以后就不能逃避对所在群体的过去和现在的
作为所负有的个人责任。这种政策无疑使普通民众处于危险之中，
也正是这种政策把禁止袭击平民排除在军事冲突之外。

最后，就目前来说，至少对于现在声名狼藉的新式战争而言，
平民会因为居住在某个地方，却被错误地认为具有某种身份从而遭
到袭击。现行政治组织模式的主张是认为某些特定地域属于攻击者
所有是不合法的；或者是合法的，但这种合法性却同样受到那些后
来占领这个地区的人的挑战。在两种情况中，攻击者都声称对该地
域的所有权，他们通过不同程度的武力袭击，消灭侵犯该地域的人。
不言而喻，这种对土地所有权的主张同对财产的占有权是完全不同
的①，但这种不同似乎试图避开那些只能生活在自己同类人民之中
的种族国家主义者。然而国际法禁止在内部冲突时迁移人口，除非

---

① 见我的《民族主义哲学》(*The Philosophy of Nationalism*, Boulder: Westview,
1998, ch. 6)。

出于安全的需要①，但如果需要迁移人口时，也应该作为谈判的结果，结束正在进行的战争，并且其本身不含有任何敌意和军事目的。

我们应该看到，虽然出于对平民安全抑或军事需要的考虑而允许迁移人口的做法很容易被滥用，但在新式战争中最常用的将是拒绝为游击队提供庇护所，因而形成了自由开火区，就此得出那些迁移的人将被认为是敌对分子，所以这里很可能有其他的动机以迫使他们离开自己的家园。那就是说，游击队依托平民采取军事活动是在向他的对手设置难题，但这很容易被夸大。例如，认为游击战术本身有悖战争法，认为他们依靠敌方出于保护自己人民的顾虑而故意置平民于危险之中的观点就是大错特错了。② 只有且仅当游击队确实在平民所在地动用武力，并把目标设定于平民居住地之中或者用平民做掩护时才确实违背了战争法。③ 但这并非典型的战争。确切地说游击队在不作战时是和平民混住在一起。然而这不能使平民集中成为正当的军事目标，犹如事实上当士兵休假住在普通的无防备的城镇时，不能把城镇作为正当目标来加以轰炸一样。迁移平民之后打击游击队，通常既是为了方便把政治活动从其支撑基础中分离出来，也是为了实现必要的军事目的。也就是说，在新式战争中，公民既可能是迁移所需要考虑的客体，也是妨碍严格军事目标的原因所在，同样它还可能散布失望和恐怖情绪。

恐怖主义

新式战争是不对称的，这不仅仅存在于地方势力发动起义和常 97

---

① 见莱斯利·C·格林：《武装冲突的当代法律》(Leslie C. Green, *The Contemporary Law*, p. 326)。

② 参见迈克尔·沃尔泽：《正义和非正义战争》(Michael Walzer, *Just and Unjust Wars*, New York：Basic, 1977, p. 286)。

③ 见莱斯利·C·格林：《武装冲突的当代法律》(Leslie C. Green, *The Contemporary Law*, p. 159)。

规战争冲突中，双方军事力量在数量和装备上都存在着极大的不对称，通常还包括外部势力参与到反对高压政府的战争中而产生的不对称，这一点将在下一章予以论述。这种不对称的结果当然是军事力量比较弱的一方几乎很难通过传统的军事作战方式取得成功，无论他多么出师有名。对此有几种解决方案。其一是利用我们之前讨论过的游击战术，不需要技术上的优势，只要遵从战争法不滥杀无辜原则即可。这种战术要取决于当地人民的支持，通过故意煽动或其他一些伎俩来取得人民的支持。当这种支持源自保护切身利益时，原则上就不存在为何游击战争要遵从战争法，为何这些不守规则的参战人员需要遵守士兵原则的疑问了。

对于现存政府而言，没有必要把这种地方起义归为恐怖主义活动。其中的一个原因是，按照国际法，非国际冲突中的国家有权决定如何对待对方的武装人员。法律规定，如果起义方不是零星的小打小闹，而是持续的适度的军事活动，那么他们就要求需遵从国际战争中的要求。① 最重要的是他们务必摆出遵从战争法的姿态。然而，至于是否符合上面战争法要求的情况却取决于这个国家，出于种种原因他们通常不会遵从，这点我们稍后还会谈到。结果是造反者不会得到士兵应得的待遇，比如说保护战俘政策，而被称为是叛乱，是犯罪，甚至是"恐怖分子"。然而你可能会问，恶名昭著的恐怖主义是一个不稳定的概念吗？②

98　　有种观点认为恐怖主义是一种战术，当叛乱者由于缺乏足够的力量或支持来发动游击战争时，他们就很可能采用这种战术。由于没有能力或不愿意与对方军队直接作战，他们就袭击或绑架平民、阴谋搞破坏等等。车臣作为俄罗斯的一个自治共和国，就是个很典

---

① 见海莱尔·麦克库布雷：《国际人道主义法》（Hilaire McCoubrey, *International Humanitarian Law*, pp. 25 ff）。

② 为进一步讨论，见我的《恐怖主义、安全和民族性》（*Terrorism, Security and Nationality*, London: Routledge, 1994, chs 1–4）。

型的例子，自从 1991 年宣布独立后，曾经几次遭到中央政府镇压，在某段时间里车臣曾有效地采用游击战术，但更多的时候采用了极端战术，大范围实施恐怖袭击活动，有准备地袭击平民，无视战争法。由于他们肆无忌惮地违背法规，从而使得他们的参战成员成为了恐怖分子。也就是说他们在战争中通过破坏战争法而丧失其军事地位，因此，原则上他们将面临军事打击，其成员并不享有作为士兵应当享有的一些特定保护。

另一种观点认为恐怖主义纯粹就是为了实现政治目的，更确切地说是为了发动革命战争或分离运动等政治目的而采取的谋杀、绑架、大规模破坏等犯罪活动。采取这些活动的假设前提是不通过战略和持续的军事作战来实现目标，相反而是直接针对平民，在没有任何必要声明的情况下就采取可怕的类似军事性的活动使人民失去安全感并造成恐慌。他们通过发动恐怖活动以实现目标，如在市中心制造爆炸事件从而体现政府的无能，使市民信心崩溃。政府的正确回应就是在军队的支持下，通过严格的刑事审判机制，但不会使用战争中的一些战术来恢复常态。正是由于这个原因，在反恐行动中，无论是出于何种动机，都不能构成新式战争。

当然，恐怖主义现象的大致表现形式，在不同的条件下也是不 99 同的。在前两段里我已有所描述，事实上，"恐怖主义"这个多用途的贬义词，可用在很多禁用武力情况中对各种战略回应予以支持，至于应采用何种回应很明显取决于那是什么样的暴力活动以及最佳回应方式的判断标准。因此对恐怖主义不同的描述也就决定了不同的战略回应。当然这至多是一种次要的内在联系，真正决定回应方式的不是战略本身的性质而是对方把他们置于哪种威胁之中。一般而言，如果那是一种战争威胁，那么战争就是对其的回应；如果不是战争威胁，那就看是不是构成犯罪了，但所采用战略的性质确实能够大体表明受威胁的程度。

面对强大的政府军，地方势力可能最初没有能力与之进行类似战争的对抗，但他们仍然会去寻求他们的政治目标，即改变那些对自己不利的国家政策或章程。这种政治目标通常需要用战争的形式来实现，但他们会采用一些与战争效果相同的暴力活动来实现。在这个意义上讲，他们会认为自己是在发动战争，只是不会去遵守特定战争中应该遵守的一些规则。他们试图通过使全体公民陷入混乱与恐慌之中，从而影响他们，支持他们采取让步政策，这等同于战争要达到的效果。如果像在新式战争的情形中一样，当被选定攻击的平民目标恰好被视为敌人时，这种战略就是上上之选了。只要政府相信可以通过警察来控制局面就会采用刑事审判的方式予以解决，因为尚未面对战争的威胁。如果并非如此，政府就会被迫增加巨大的反恐成本动用军队予以解决。

反恐成本包括阻止公民向恐怖主义的政治目的让步，其实并没有绝对的标准来规定公民应该怎样做，只会要求应该给予国家敌对方以何种程度的政策支持和同情。在某种情况下，刑事审判的方法可能不足以保护安全，但当政府认为战术上已经达到了目的就不会采用战争的方式予以回应。回应本身是存在风险的，因为它表明了国家岌岌可危。这就使得恐怖主义者更加公然地使用这类回应方式，这可能大大增加对他的支持，特别是当军事回应的目标是那些潜在的支持者或者那些他们能够很容易区分的人。这种支持的程度导致越来越明确地应该采用军事手段，他们的组织程度和运作效率迫使政府视他们为士兵而不是罪犯，这等于说根本不能称之为恐怖主义分子。

我所指出的政府的两难境地是，要么采用军事手段，要么采用刑事审判来回应恐怖主义，但前提是确实为了保护人民的安全。也就是说，如果采用的是军事手段，那么其行动将被视为是出于自卫。在这种情形下，对方将被视为进攻方应采用军事手段予以反击，因此会像对待其他军队一样予以对待。如对其他的敌方军队一样，如果其违背战争法，这会使其处于不利地位，但决不能称之为犯罪。我们会很惊奇地发现，在美国的恐怖主义战争中，"战争"一词很明显是取其字面意思，那些恐怖分子从始至终被认为是罪犯。何以既称他们为罪犯予以刑事审判，又能称之为战争中的战士需予以军事反击？

对于这个自相矛盾的观点，如果我们采用第一章我所论述的观点，即恐怖主义战争应该被认为是试图发动的惩罚性的正义战争，那么矛盾就消失了。战争并非是对犯罪予以正法的第二选项，但当有正当理由认为对方在从事犯罪活动时可以将战争作为一种惩戒方式，这样的判断是为了剥夺对方作为士兵，即使是敌人也应享有的 101 权利。在恐怖主义战争中，有很多事件已经证明了这一点。美国领导的联军在阿富汗，北方联盟在杜斯塔姆（Dostum）将军带领下依据这些条件给予塔利班势力以士兵待遇并且妥善处置了在马扎里沙里夫（Musar-i-sharif）抓住的投降人员。但是当塔利班意识到美国试图把他们视为罪犯来处置时，于是在卡拉疆吉堡（Qa-la-i-Jangi）展开了一场恶战，造成大量的人员伤亡。当北方联盟依然保持跨种族界限的传统政策时，美国则否认塔利班俘虏的士兵角色，即使他们已不能对其构成威胁，并坚持寻求假定的正义审判方法。

作为一个政治家，在对抗恐怖主义分子时会面临艰难的选择，但他们需要时刻提醒自己的是，他们的主要任务是为了保护人民的安全，而非是基于一种空想的为了实现所谓的国家的或超国家使命的概念，或者为了维护国家的或超国家的正义。我们将在最后的章节中对此予以说明。一个国家沉迷于武力很可能被引入极端主义道路，尽管这个国家并不许可极端主义。因为极端主义不但明显地表现在恐怖主义活动中，还表现在拒绝参与政治谈判和安抚、时常挑起武力冲突的行动中。然而当决定采用武力解决时，应该给地方势力留有余地，使之履行其军事角色的责任。军事行动不能制造近乎无风险的军事环境，这种军事行动本身易于狂热，不顾一切，从而演变为极端暴力。但是，如果军人被赋予军事角色的尊严，那么他们就会有理由避免这种极端行为。这样的活，对极端主义的正确回应无论在什么情况下一定是可能的，促使军事行动变得适度，而不是偏离得太远。

第六章 矫正战争

国际社会与国际都市

1648 年，《威斯特伐利亚和约》结束了三十年战争①，它曾经 *103*
因为宗教身份的争议一再为新式战争提供机会而蹂躏欧洲。《威斯
特伐利亚和约》至少在欧洲开创了一个国家的社会系统②，每一个
君主干涉他国内部事务都是对社会规则的违背。当应用的胁迫方式
涉及军力时，这样的干涉即构成侵略，被侵略国家完全有权利进行
自卫。这一系统一直持续并被推广，以至于不干涉原则成为《联合
国宪章》的基石。③ 其有两个目的，一是创立一种反对使用武力解
决国际冲突的假设；二是创建一个保护性空间，使人们能够设
定他们自己的政治安排而免于外部干涉。④ 国际社会成员资格的

---

① 三十年战争：中欧地区从公元 1618 年开始所发生的一连串争战，其肇因于新教
与天主教间的冲突，以及神圣罗马帝国与其他政治势力的冲突斗争，最后以 1648 年签订
《威斯特伐利亚和约》而告终。——译者注

② 参见克里斯·布朗：《人道主义干涉和国际政治理论》，见《人权与军事干涉》
(Chris Brown, 'Humanitarian Intervention and International Political Theory', in
A. Moseley & R. Norman (eds.), *Human Rights and Military Intervention*, Aldershot:
Ashgate, 2002)。

③ 参见第一章。

④ 迈克尔·沃尔泽的观点，见《正义和非正义战争》(Michael Walzer, *Just and
Unjust Wars*, New York: Basic, 1977, ch. 4)。

条件是政治组织符合后一种条件，至少在理论上是这样的，因此，殖民地被排除在外，那些部分民众缺少公民身份的政治组织也被排除在外。

不干涉原则的重要性在于没有原因去认为它依赖于任何普遍的道德原则。例如，一方面，它不需要被视为根据自由主义观念保护个人的自由，为他们提供一个适当的政治组织形式；另一方面，也不需要被视为根据公有制社会的观点保护来自于社群自治的利益。[①] 可能去寻找这样的正当理由是为了看到错误之处，确实是为了冒险进入对于国际社会成员资格的条件的详细说明，特别是公开争论的道德观。我们应当认真对待这样一个事实，即原则的起源和持续的标准化的力量存在于条约之中——同意保护或者维持和平；虽然最初的条约正如它所公布的那样，组成党派从而能够进入特定国家间条约给予的一种特定形态的关系。那么，《威斯特伐利亚和约》所做的，就是想通过构建一种可能的政治实体来确定某种道德关系，这种实体的存在理由之一是避免战争，因此，其行动也是通过是否达到这个目的而进行判断。从长远看，这是为进一步实行不干涉政策提供理由，以监管其最为重要的维系国家间和平的目的。

不应该期望一种寻求和平的一般性道德理由，就像反对把这一目标作为全球正义一样。因为作为由主权国家构成的社会，它的出现和维持依靠的是在特定历史环境中制定的条约，这些条约以新近的战争和对战争再次发生的恐惧为背景。这个制度的创建和维持只有在这样的一个背景下才能够被理解。因为没有人类的机构能够脱离其时代背景，它们无法满足所有的需求，人类的机制也不应如

---

① 关于自由主义观念，参见威尔·克姆利卡：《自由主义，社会和文化》（Will Kymlicka, *Liberalism, Community and Culture*, Oxford: Oxford University Press, 1989）；关于公有制社会的观点，参见迈克尔·沃尔泽：《正义和非正义战争》（Michael Walzer, *Just and Unjust Wars*）。

此，尽管被寄予很高的希望，还是只能够解决针对已经出现的那些问题。当然，这并不意味着它们能够免于变革或批判。然而，这却意味着这样的批判变革必须来自于其内部，从某种意义上说，这是那些把控制国家运转到新的历史背景的规律的人所做出的一种反应。那些这样做的人在角色范围内行动，而角色由他们在国家系统中的职位所决定，成为政治家或平民。正如我始终强调的，正是这些角色的履行使某种道德行为成为可能，而可能之处就在于它被具有一定社会地位的机构的性质所约束。

由于这个原因，和平并不被视为一种要与其他价值进行比较或源自其他价值的价值。更确切地说，和平被评价为：它能够从政治家和平民在适当行动时的表现中推导出来，也就是说，当他们的行为与他们角色的要求相一致时，就可以推演出和平能否实现的结论。例如，一个政治家领导他的民众进行斗争，不是为了自卫，而是恶意地行动，那么在这种情况下，不是将和平作为全部标准来进行判断，比战争的结果更有价值的，是通过可适用于政治家的标准来评判；因为他作为一个政治家行动，所以必须单独用评价政治家的标准对他进行评判。根据其他标准行动，正如其所做的超越权限的行动不是作为一个政治家所应该做的，冒险进行莫名其妙的行动，以至于我们不知道行动到底意味着什么。例如，我们不知道他准备用什么其他方式把他所代表的民众置于危险境地，以至不清楚如果他们跟随他的话，他们的容忍度有多大。然而，最有可能的是，他们作为具有一定身份群体的成员这样做了，期望其价值将以战争的方式得到实现。

那么，这将使我们回到新式战争的话题上去。正如我们所理解的一样，当新式战争起因于次国家组织的行动或反应，并且通常涉及在同一领土内的一个已建国家的军队的时候，在第三方国家在那个领土范围内为了各种原因介入、威胁干涉或催促干涉之前，新式战争是不会长久的。在这一章，我们将考虑这样的两个原因：一是与和平和安全重建相关，二是旨在阻止大规模践踏人权。我们面临的问题在于：何时以及以何种方式证明干预是正当的，抑或是否会不可避免地破坏我们刚刚讨论的不干涉原则？因为，据观察，原则上的漏洞在于，当它寻求尽量不诉诸两国军队时，它对于限制两国国内军队的使用无所作为，对于非国家行动者使用何种方式也无所作为。而这样的武力使用是新式战争的特点，而且国际社会理应对他们做出适当的反应，特别是如果国际社会一贯希望避免战争的恐怖，并且获得它曾经带来过的和平的好处。

正是在这个结合点上，我们必须提出，正如很多迟来的读者所认为的，全世界的态度似乎都是为这些问题提供一个容易的答案。我们将会理解①，对于国际主义来说，的确存在某些普遍人权，尽管各国的制度形式不同，但至少包括生存权、自由权和稳定生活的权利；人们拥有这些权利，但也需要其他人的保护；因此，当权利拥有者的国家走向失败时，那么就由其他人来提供。那么根据国际主义的观点，只要他们可以保护人权，且提供最终的正当理由，国际社会的规则就能够很好地掌握。到这些原则不需要被修改的程度时，在新式战争的环境中，干涉可能是正当的，即使那时在传统原则下不能被接受。而且我们必须承认，在这些环境中，根本不会出现一个安全的和平。这里，干涉不会引发战争，它仅仅引入一个新的因素，一个旨在结束战争和减轻其影响的因素。

对此，这一章的任务是通过修正国家干涉的实践和抵制国际主义的基本原理，来反对国际主义的主张。我们应当首先检验一个主张，即国际社会已经融入国际主义的思想②，以至于非干涉规则陷

① 事实上，国际主义能够采取各种形式。参见奈杰尔·道尔：《世界伦理：新日程》（Nigel Dower, *World Ethics: the New Agenda*, Edinburgh: Edinburgh University Press, 1988）。

② 比较奈杰尔·道尔：《世界伦理》（Nigel Dower, *World Ethics*, p. 19）。

入废止状态。这种主张是，我们即使现在占据一个全球性的或世界性的社会，从某种意义上说，人们彼此作为同类而非特定国家的公民，并且期望他们的政府在政策上反应这样一个事实，通过迫切要求贯彻人权标准，使人们遵守共同的价值观并且推进全球正义。对上面最后一点，人们经常引用 1948 年联合国《世界人权宣言》。正如人们经常提到的①，对美国《独立宣言》、《权利法案》和法国《人权宣言》的重奏超过了一个半世纪。联合国宣言的起草者婉拒了中国代表关于起草文本前应当研究一下孔子的建议。有各种理由能够了解宣言来自于特殊的西方文化环境，而非一个融合国际上大多数意见的可靠报告。即使作为国际主义的大胆假设，存在这样的共同价值观能够被分享②，但最多可以将其视为"不确定"的共有文化，它确实存在支撑国际行为的"共同道德文化或一系列共同的价值观念"。

我们至少已经拥有了共同的世界性文化的基本原理，这种主张的其他根据在于，存在新兴的国际法规则特许为了保护人权而进行干涉，甚至一直以来在已成为惯例的国际法中就存在这样的权利。③可以确信，国际法不仅是根据条约而且是根据"文明国家"认可的实践和原则来设定的。④ 然而，在确定法律时必须看到的不仅仅是政府做什么和他们把行动带给他们自己的民众的理由是什么，还应当注意到其他国家的批评声音和他们提供的正义标准。以此为基础，可以得出结论，就干涉以限制"一个无法抵抗的人道主义灾难

107

---

① 例如，寇斯塔·多兹纳斯：《人权的终结》（Costas Douzinas, *The End of Human Rights*, Oxford: Hart, 2000, chs 5 and 6）。

② 海德勒·布尔：《无政府社会》（Hedley Bull, *The Anarchical Society*, Houndmills: Macmillan, 1977, p. 317）。

③ 杰弗里·罗伯逊：《反人类的罪行》，（Geoffrey Robertson, *Crimes against Humanity*, Harmondsworth: Penguin, 2000, pp. 403-411）。

④ 正义国际法庭的法令第 38 条，引自 D. W. 葛瑞格：《国际法》（D. W. Greig, *International Law*, London: Butterworths, 1970, p. 6）。

来说……法律原则远非能够牢固设置于国际法中"，或者说法律原则是"对容忍例外原因的规则的违背而不是……新规则的形成的证据"①②。对于众所周知的服务于这样一个目的的干涉，通常遭到很多国家的反对，而且这种干涉却也经常被他们根据确立和平与安全的需要而赋予正义性，直到联合国安理会能够授权开展军事行动。但是，干涉对于确立安全是一种自卫行动的形式，这种自卫行动不违反不干涉的普遍原则，也不需要对人权的祈祷，因此也不能证明承诺保护民众的全球化共同体的存在。它仅仅依赖于旧的《威斯特伐利亚和约》的规则以维持和平，无论在哪里都为了所有国家的利益，而不是表明国家间共同的价值观。在看待干涉性的国际主义自卫时，我们必须把它们视为更好的国际关系实践的建议，而不是对现存实践的反映。

人道主义干涉

这是一个非常普遍的场景。首先，民族主义者在一个既有国家的某一部分发动一场军事叛乱。第二，政府镇压了民族主义者代表的那一部分人口。③ 第三，外部势力以人道主义为理由发动军事干涉，或者至少是考虑这样做。记住，没有联合国安理会的授权，这种干涉不会出现，它似乎与国际法相抵触，因为它涉及使用武力"反对领土完整和一个国家的政治独立"④，那么我们如何评估这种

① 克里斯廷·格雷：《国际法和武力使用》(Christine Gray, *International Law and the Use of Force*, Oxford: Oxford University Press, 2000, pp. 41–42)。

② 安东尼奥·汤卡：《外国军队干涉内部冲突》(Antonio Tanca, *Foreign Armed Intervention in Internal Conflict*, Dordrecht: Martinus Nijhoff, 1993, p. 114)。

③ 对于镇压概念的讨论，参见我的《恐怖主义、安全和国家主义》(*Terrorism, Security and Nationalism*, London: Routledge, 1994, pp. 156 f)。

④ 参见 A. C. 阿瑞德、R. J. 贝克：《国际法和武力使用》(A. C. Arend & R. J. Beck, *International Law and the Use of Force*, London: Routledge, 1993, ch. 8)。

干涉的道德标准呢？我们是否应采纳这样一种影响日增的观点，尽管国家法不允许，边界的存在并不影响军事干预的道义理由，因为干预旨在阻止大规模侵犯人权的行为。

　　我将反对非干涉原则的人称为"国家主义者"，他们认为，在一个国家的范围内，没有权力采取军事行动，无论意图有多好，干涉者都是非正义的，当然，如果是被政府邀请的话，他们就有权进行军事干涉。干涉者是在进行侵犯国家的侵略行动。当然，国际主义者的反应是，宣称人道主义干涉无论在哪里都是正义的，干涉者确实有权使用武力保护人权，这在正常情况下正是政府应当做的。因此，政府不认为它镇压低水平的反抗的军事行动是战争，而宁可认为是预防和惩罚犯罪，所以干涉通常也似乎不是反对政府的战争而像是一类政治运动。确实，洛克派哲学家通常认为，恰是压制性国家的政府是有罪的叛乱者，需要被预防或惩罚。[①] 对两者的明显差别，可见之于一场争论：国家主义者声称，干涉构成战争；国际主义者则称，干涉即使不能在实践中，至少在原则上会带来不同的效果。而且争论恰恰会转向当政府不能保护人权时，正如国际主义者所主张的，是否存在跨越国界保护人权的权力。

　　反对干涉的声音可能通过这样一条途径表达。我们可以看到，已建国家会宣称，反抗者缺乏任何权力诉诸战争，因为在已建国家的范围内只有他们有权使用武力。不管意图多么慈善，干涉都将形成对反叛者的支持，而且干涉者不会拥有比反叛者更多的权力。我认为，在国际主义者和国家主义者各自的立场上，存在关于一个国家的权力的相互冲突的两个概念。国际主义者认为国家权力的存在主要依靠其保护人权的角色。非干涉原则仅仅是使它履行自己的职责，使它在遭受攻击时有权保护自己，因为这样的攻击威胁到它

------

　　① 参见约翰·洛克的《政府论（下）》（*Second Treatise on Civil Government*，many editions，1690，sect. 226）。

109 的民众的人权。然而，如果政府不能履行其职责，那么就没有理由不去进行干涉，该国也没有自卫权以反对支持而非威胁人权的干涉。

国家主义者的权力概念较少这样直接，毫无疑问，它会呈现出多种形式。我希望在此描述两种观点的对比：国际主义者纯粹的政府管理观，如果产生暴政则失去管理国家的权力的观点；还有，国际主义者关于政府是一个道德实体，应当对管理人民的控制权负责的观点。在一个既定领土范围内对民众负责同样是法律的来源，所以不同的管辖权可能确实需要多样化，以反应人们所适应的多样化的环境。前面提到的应当存在于国家范围内的生存、自由和安定生活等基本人权可能仅仅用来反映这样一个实事，即它们对于我们所称的国家来说是必不可少的，也就是说，对于一个通过强制性法律而非暴政来维持秩序、减少人们的被征服感的组织来说是必不可少的。① 表面上普遍存在于国家中的这些权利不需要反映一些法律来源的存在，这些法律来源超越国家而存在，并通过其行动被判断。国家的权力依赖于其履行行政职责，并随着职责的消失而消失。但是它的自卫权对于保存其领土范围内的控制权来说是必需的，因为没有一个普遍的跨越国界的非干涉原则，就可能没有特殊的控制权系统。我认为，国家主义者正是沿着这条思路去思考权力问题的。

存在不同的结果，包括解释国际主义者和国家主义者对干涉的不同态度的这些可以比照的观念，但是在进一步论述它们之前，我需要把话题转向一种反对的声音，即国家主义者的立场，正如我概括过的，不是动机不明，就是将其辩解建立在国际主义者的设想之

---

① 比较乔治·黑格尔：《权利哲学》（Georg Hegel, *Philosophy of Right*, sect. 349），援引并且讨论默文·弗罗斯特：《国际关系伦理》（Mervyn Frost, *Ethics in International Relations*, Cambridge: Cambridge University Press, 1996, p. 152）。

上，并自始至终通向国际主义者的观念。异议在于国家主义者的观念显得控制权规则更有利于产生暴政，仅仅因为前者保护人权而后者危害人权，因此一个纯正的国际主义者自然会得出这样的结论。但是这一异议完全避开了这个问题：为什么我们不能转而说人权是宝贵的，不是作为独立的可以确认的美德，而是作为在权力控制下的生活的方面呢？它们的价值完全能够从那些乐于适当地担当公民 *110* 角色的人所体现的事实中得到推论。

那么，让我们转向另一个问题，即如果一个国家否认外部势力具有干涉权，外部势力可能做出何种反应，基于世界主义或国家主义，是否会有更好的反应形式。很明显，外部势力必须做的是宣称被干涉的国家已经失去了它在相关方面的权威。这样，外部势力的权威就不会因为侵犯别国主权的口实而受到攻击，相反，其权威是因别国丧失权威而产生的一个替代资源。由于理论依据和特定环境各不相同，反应形式也会各种各样。从理论上讲，区分不同情况是非常重要的，尽管现实生活中各种情况是交织混合在一起的。

第一，在这种环境下，权力丧失了，因为已建国家不再能够控制其领土的某一部分，以至于存在法律和秩序的衰竭。在这种情况下，另一个国家可能进行正当干涉以维持秩序并且由此阻止可能因混乱而产生的对人权的践踏。假定在这种情况下干涉势力具有一些正义性①，那么明白这种正义性的范围是非常有限的就显得格外重要。几乎没有干涉的事例有这种构架。在大多数情况下，混乱只是文明冲突产生的一种暂时结果，而不是漫长的环境要求这类行动。确实，我们应该注意，不要把一个国家的权力崩溃比作正在镇压叛乱而夸大前者的程度。因为国家需要这样的权力去维持它的控制

---

① 在此我不探讨这个争论。足以说一些这样的干涉看上去似乎是帝国主义的，因为很少会希望跟随J. S. 穆勒在"野蛮人"中支持干涉行动，引自J. S. 穆勒：《关于非干涉的言论》，见《文集》(J. S. Mill, "A Few Words on Non-Intervention", *Collected Works*, vol. XXI, Toronto: Toronto University Press, 1984, pp. 111-124)。

权，它不能失去它的权威只因为它必须使用强制性手段重建控制性
权威。①

　　我将会把权力崩溃案例与那些在我们的特定情节中更为典型的
例证进行比较，即已建国家因为其压制行为大概已经丧失了自身权
力。这里涉及两种不同的主张，它们必须被区分。一是这个政府已
经全部丧失了权力，也就是说，权力的丧失遍及其所有领土，而不
是像第二种主张所说仅仅是局部范围内的丧失。第一种主张的根据
在于，政府的恶劣行为遍及各处，而不仅仅是在局部，它所宣称行
111　使权力的领土不再有安宁之处。这不是那种仅仅有一部分人口被虐
待的情形。这种观点认为权力的完全丧失能够出现，而不仅仅是因
为在部分领土上虐待部分人口而导致的局部权力丧失。

　　一个粗暴践踏本国国民人权的国家将会失去它的政治权威，因
为其权威完全取决于是否支持国民的权利。一个政府支持国民的权
利是为了给国民一些理由接受其命令，而这些命令作为国民的普遍
利益并因此承认政府有权威或没有正义的权力。如果政府以其他方
式行动，那么人们作为平民，而不是作为受到良好对待的统治集团
的成员，没有理由服从政府的命令，原因就在于正是政府发布了这
些命令。可能有人认为，在这样一个国家中，干涉不会侵犯到政府
因为自身的恶劣行为而丧失了的权力。干涉者的权力则来源于保护
民众的行为，而这本应该是政府应尽的职责，确实，干涉者通过这
样做而获得了权力。

　　我认为，世界主义者可能支持的立场就在于此，因为作为行政
单位，政府已经无法尽责保护人权，实际上，已经危害到人权。存
在的局部结果不会改变这样的现实，即政府丧失了相关职责，所以

---

　　① 然而，国际法必须承认在"交战状态"中，国家确实已经失去了被反抗者控制
的那一部分领土的管辖权，因此在通过国家军队夺回那部分领土之前，他们是时候对那
里行使控制权了。参见 A. V. W. 托马斯、A. J. 托马斯：《非干涉》（A. V. W. &
A. J. Thomas, *Non-Intervention*, Dallas: Southern Methodist Press, 1956, pp. 215-221）。

别人可能履行之。继续保护其领土的其他部分民众的权利不会影响
这个观点。确实，这只不过暴露了它的偏爱，随之而来的是不能领
会人权的道德目的并广泛应用之。因权力完全丧失而自然产生的必
然结果在于政权需要被改变，众多当下的干涉开始进行，这是正义
的，以至于当一个更为开明的、能够保护人权的政权就位时，原政
府的职责被完全替代。这样的一个观点类似于废黜暴君的旧的权力
观。但是，我认为，那些旧的观点并不是很符合世界主义者所描述
的人道主义干涉观，而后者在我们设定的情节中是受欢迎的。

我们应当记得，在我们的情节中存在文明战争或类似之事物。
在这些环境中，高压政治是那个时代的秩序，而且对其可允许的范
围的限制也是不明显的。它们不包括针对平民的暴行，这种暴行与
国际冲突中的战争规则是相悖的。假设这样的暴行将会发生在那 *112*
里，那么对于人道主义行动来说，国际冲突和国内冲突中可能存在
一个类似的情况。但是在这里可以看到，我们没有特定种类的分离
于主要冲突的行动。然而，我们可能会目睹主要的受害方卷入冲突
之中。当然，这样的联盟并不是世界主义者所想象到的。因为世界
主义者认为，他们的这种干涉与交战方的关系本质上是没有中介
的，他们宁愿作为第三方介入，具有明显的和有限制的保护人权的
日程，而一点不像进行真正的战争。然而，在这方面国内冲突区别
于国际冲突的原因是不清楚的，而且如果世界主义者的描述对于后
者似乎是不合情理的话，那么对于前者也是一样的。我认为，以上
这些考虑的结果是，在我们的情境中，伴随政权的变更和对其问题
的解决，人道主义干涉不能被可信地视为为了被干涉国家的全部民
众的利益，不可避免地倾向于援助被压迫的那部分人。按照国家主
义者的观点，其权力能够在与那部分民众的关系中寻找，正如我们
将要继续讨论的。

不应该认为国家主义者不会思忖造反可能具有的正义性。毕
竟，很多政府，可能是大多数的政府，都是造反的产物。能够赋予

造反以正义性的是已建国家局部而非全部的丧失权力，即部分人口的人权受到侵害。假设一个国家正在压迫国民中或其他领土内的少数民族，那么很自然地说，这个政府已经丧失了管理他们的特定权力。因为它不能像对待其他国民一样对待他们，使他们受到法律的保护，履行他们应尽的义务。国家在那些乐意接受其管辖的人面前拥有权威，在不接受的人那里则丧失权威。而且，原则上这种对后者的权威管辖将转移到一个反对组织自愿和有效地在部分领土行使。

正是因为权力通过另一个政治组织控制了已建国家的最初领土的一部分，那一部分额外的军事援助确保了这一过渡，而不需要被视为破坏了国家主义者所支持的非干涉原则。因为外部势力将会承 *113* 认新的国家，所以在其眼中没有发生对已建国家领土的干涉。当我们不断把这种情形中的外部援助视为干涉的时候，毫无疑问它将被已建国家这样认为，甚至可能被当前的国际法所认定。其实不必如此看待国家主义者的原则，如果其真正的特征被正确把握，那就更没必要如此看待了，明白这一点很重要。因此，允许外部援助不需要国际法的改变，国际法本身就允许在一国范围内进行干涉。① 因为在对受压迫群体进行军事援助时主权国家原则仍然起作用，所以我们可以逃离于尊重国家主权和使受压迫群体获得公正对待的两难抉择。确实，一个现存国家的领土完整可能被破坏，但在任何时候这是一个能够被认可的分离。可是，在什么形势下对于反抗的外部援助是正义的呢？

在我们的环境中，一个政权的改变可能不是对少数民族犯下的错误的适当补救。因为在这里所提出的观点是，正是国家本身，而不仅仅是政权，已经因为其允许欺压少数民族的统治和支配结构而

---

① 正如查尔斯·琼斯在《全球正义》（*Charles Jones，Global Justice*，Oxford：Oxford University Press，1999，p. 214）中称之为"合格的主权主义"（Qualified sovereigntism）。

丧失了权力。结构性改变是需要的，而且要求防止欺压的结构性改变可能涉及重新划分边界，以便少数民族获得一个单独的国家。我将专注于这种情形，因为其在理论上是最简易的。但是，我打算区别两种容易混淆的可能产生脱离的方式，一种可能证明外部援助促使脱离的正义性，而另一种则不能证明。

第一种情形是这样的。正如我们所说，因为少数族群对欺压他们的国家不再具有义务，所以政权丧失了权威，他们没有义务接受那些残暴而非正义的国家命令。确实，受欺压的少数族群对国家不再有义务，他们有权保护自己，反抗因违背残暴命令而产生的后果。在脱离权被提出的范围内，权力从一个国家传递到另一个国家，这依靠的是人们在面对非正义袭击时进行自卫的权利。在这种环境中，他们可能需要行使这些权利，而只有一个单独的国家能够 *114* 保护他们。因此，他们的脱离权是我曾经说过的"依照环境"的权利。[1] 我认为，在第二种情形中，通过对比可以分析出，这非常不同于允许一种脱离的"系统"权，即这样一种权利，它不是来自于组织发现自己的环境中，而是来自于组织的种类，例如一个民族性组织。如果他们具有脱离权的话，那么他们的权利来自于这类有自主权的组织。

然而，保障分离的外部援助不应该被视为必须以促进自主为目的。它可能提升这种政治分离仅仅是为了自卫以抵抗对人权的侵犯。当权利被侵害的组织是一个民族群体，特别是当这个组织要求一种系统的脱离权时，很容易忽略这一点。确实，这个组织可能认为施与压迫的国家的权力已经永远丧失，国家是把他们作为一个分裂性民族群体的成员而非是反叛的国民群体进行镇压。因为如果是

---

① 参见查尔斯·琼斯：《全球正义》，35 页。在描述的环境中，能够例证艾伦·布坎南（Allen Buchanan）所说的脱离的"补救"权，见《脱离》（*Secession*，Boulder：Westview，1991，pp. 27-81）。

这样的话，他们在现存国家中获得公正对待的前景可能非常遥远。国家通过对待他们的行动已经表明，它承认他们的特殊性并且暗示它不准备像对待其他国民一样平等地对待他们。在这些情形中，正是作为假设的民族群体，一个分离的政治组织在追寻他们。但是这种追寻是因为国家民族群体的成员被虐待，而不是因为群体是民族的一部分。

即使所有都如分析的一样，在国家主义者的观念中，人道主义行动者还是从与根据情况获得资格的分裂主义者建立的联盟那里夺走了他们的权力，而我们却很少能清楚地正视到这种情况中的形式变化。已建国家将会宣称其针对少数民族的行动。即使是压迫性的，也是对于反叛的一种反应，他们有权进行镇压，也就是说：他们是被作为反叛者而非他们所想象而构成的民族群体而被镇压。然而，正如我们早先在关于分离的讨论中看到的，在民族主义者叛乱之前，官方镇压甚或是严重歧视的历史115将可能断然反驳国家的上述主张。而重要的是，外部势力不应该被挑起镇压从而引发人道主义问题并由此获得支持的民族主义者利用。相反，对于民族主义者的威胁来说，一些镇压行为非常过分，以至于这些行为只能被理解为本身是针对少数民族的，而非针对叛乱组织的。我认为，只有在这些环境中，才可能正当地从事人道主义行动。

在这种情形中，我们有一个直接明了的案例，由于国家实施镇压行为而丧失了权力——这种行为不能仅仅解释为对反叛的一种反应，因为造反者没有任何权力，与国家军队进行武装冲突的少数群体从而拥有了正当权力。那么，外部势力涉及造反者的军事行动严格限定于人道主义目的，而无关造反者更广泛的目标。在这种情形下，那些给予军事援助的人正在参与一场正义战争，因为少数民族的自卫是一场正义事业。而之所以称之为正义，原因在于正在进行自卫的是少数民族的个体成员本身。如果涉及系统权利就会缺乏信

120

任，只是少数民族自身组成一类组织，并同样主张进行自卫。①

在这样一个联盟中，外部势力正在进行斗争，像国家间的战争，关键是确保在一个地域中代表那里民众的人们能够掌握管理权进行统治。除非在偶然情况下，执法或维持治安以保护人权都不是外部势力应该做的。因为，如果那些侵害人权的人是国家军队，那么就要以武力将其打败。相反，如果是没有正当权力的武装团伙，那么就应当由政府行使处理他们的责任，而外部势力仅仅是援助。正如世界主义者的原则，外部势力不是根据他们自己的权威做一些警察工作。确实，如果他们依照自己而不是同盟者的正义观这样做的话，就侵犯了后者的权力。

世界主义者反对国家主义者的观点是基于这样一种思想，即理论上并不要求内部组织在保护个人人权方面去协调外部施动者。我认为，只要有一个正当的理由正义地进行战争，就存在正义战争法则。但是，如果提供外部援助的国家一直都不是错误的，那么其本身缺乏这样一个理由。正是那些为了民众的利益而行动的群体具有正当的理由，援助国需要通过与他们结盟而获得这种理由。但是，只有当造反者有权力进行斗争时，援助国才能与造反者联系。② *116*

此外，涉及给予被压迫少数民族以正当的军事支持的正义战争对我来说似乎比世界主义者的自卫战争要来得更现实一些。它授权外部势力根据自己的利益相应选择是否进入联盟。尽管这引起了比当前能承认的事物更多的问题，但可以预计，人道主义行动对于特

---

① 所以理查德·诺曼（Richard Norman）反对迈克尔·沃尔泽（Michael Walzer）的关于自卫战争的正当理由，而认为自卫战争不能应用于这里，因为被保护的是少数群体的生命而非一些抽象的政治共同体。参见诺曼：《道德、杀戮和战争》（*Ethics, Killing and War*，Cambridge: Cambridge University Press，1995，pp. 132−139）。

② 这些正义战争原则不是无价值的。因为如果为了一个群体的利益而采取军事行动的话，他们必须能够控制这种行动，一个联盟的宣言提供了这种控制。正如沃尔泽所说："不能因为他们自己的利益或反对他们的目标而进行干涉。"（《正义和非正义战争》，*Just and Unjust Wars*，p. 104）但这在国际主义者的观念中没有位置。

定国家来说是一种政治选择，而非世界主义者所认为的一般的责任。如果结果良好，外部势力对这一选择的执行将会影响国际结构的改变。这将会影响社会的政治形态，而不仅仅是影响个体的生活。这些变化不可避免地会改变友好或敌对国家之间的关系和权力平衡。国家将会站在潜在朋友而非敌人的一边进行干涉。国家也会谨慎行事，避免引起反干涉，因为内部组织联盟总担心使国内冲突国际化，担心家丑最终演变为更为血腥的事件，即便这种事件更好被控制。然而，相反的，对站在分离者一边从事外部行动的担心能够阻止一个已建国家压迫少数族群，这种担心比它是否能够大胆跟从任何干涉其可能保存的领土完整的担心更强烈。

在其他条件都相同的情况下，世界主义者优先选择改变政权而非国界所依靠的基本假设在于，人权能够独立于其所嵌入的特定类型的管辖权而被理解。原则上，同样只需要一个开明的政权去实现人权。相反，国家主义者的观点自然是在不同的管辖区域中人权能被不同地理解。边界道德的重要性在于保护特定的管辖区域，使其中的民众可能过上不错的幸福生活。但并不是仅靠边界就能创建可以生存发展的管辖区域，这有各种偶然原因。一个原因是一些占优势的群体不乐意平等对待他们的同胞，众所周知，这种思想可能有意识形态作为支撑，确实，这是不平等的。在这些环境中，双方在同一边界中的管辖规则可能不会被一致应用，以至于国家系统不能涵盖任何我们所认为的人权。我认为，正是在这样的环境中，基于国家主义者的原则，可能导致正当的分离和对其进行支持的人道主义行动。

117

和平与安全

不是所有国家的外部干涉都是出于人道主义目的。至少乍一看上去，一些干涉似乎只不过是一个国家抵抗其他国家的自卫权延伸。然而，不是所有攻击都是由国家发动的，也不是所有由次国家行为体发动的袭击都是针对他们所处的国家政府的。一些袭击是针对外国政府的，因为它们的对外政策反对次国家行为体在别处的目标，最臭名昭著的就是劫持飞机撞击五角大楼和世贸中心的"9·11"事件。这样的客观事实有各种类型，包括两方面群体的自卫，既包括次国家行为体的本国或国外领域，又包括群体的自决，不是被占领或殖民化，就是寻求其身份的政治识别。面对它们提供的进行战争的正当理由，这些客观事实明显有不同的表现，不论攻击者是否有诉诸战争权的其他资格。此外，他们与被攻击的国家有不同的关系，从寻求保护民众反抗国家的直接侵犯，到打算阻止支持其他被认为是违法的国家。国际化的次国家行为体的目标通常是混合的，从涉及确保正确考虑政治关注点的争议的人，到那些代表大大小小的不被支持的知识分子群体的政治观点的人。

　　被攻击国家应该作何反应呢？尽管不是全部，但很多攻击都是由装备落后的次国家行为体发动的，他们针对的是平民目标，人们期望对这种犯罪做出正义反应，如同对待国内恐怖主义一样。这种方式含有各种因素。一是如果攻击的组织者是基于一个相异的和通常是敌对的国家，那么它不可能理解他们并且以通常的方式将其绳之以法，留下看上去无力的国家保护其民众。二是国内恐怖主义通常改变被攻击国家的合法性，它最容易被一个反应所声称，即对攻击者判处刑罚而不是像合法的政治行动者一样受到对待，而国际恐怖主义不涉及这样的挑战。三是来自于国际恐怖主义的威胁程度可能更大，因为发动这种恐怖行动要求更好的组织和资源，而且它的外国背景使人们较难反对它，所以，正如反对造成巨大恐慌的国内恐怖主义一样，可以预期对其做出战争反应。即使这样，正如我们先前看到的，对次国家行为体的反应仍然是把他们归入罪犯，而非他们自己认为的真正的斗士。

　　然而，尽管这样，这样一场战争是否应该发动呢？在另一个国

118

家的领土范围内，不可避免将会涉及武装干涉，除了自卫或是在联合国支持下承担确保和平与安全的任务外，这种武装干涉是不被允许的。让我考虑第一种选择。这个理由必然导致这样的干涉，正如我们已经看到的，在接受它之前只有两种因素需要被考虑。一种是，国际恐怖主义和干涉国家之间的关系。在两者之间关系密切的地方，从某种意义上说，恐怖分子不是为了哪个国家的利益，就是被哪个国家所庇护，自卫行动可能被合理地视为有同样的理由，好像它的发动是对国家发动攻击的直接反应，因为准许发动攻击的国家正在错误地行动。然而，情况是不同的，恐怖分子是在他们本国控制的领土以外行动：此时被恐怖分子袭击的国家并没有犯错，那么干涉权还存在吗？国际法学家提出，根据必要性原则①，这可能被证明是正当的，通常在自卫中只有一个因素，而不是自卫本身，要求侵犯性行动的责难因国家反对自卫而产生。然而，这个要求是非常严厉的，即只有一种严格限制于其范围的干涉，能够保护被攻击国家的最重要的利益。

　　这带给我们关于进行武装干涉反对国际恐怖主义威胁的第二种因素。一个自卫性军事行动必须是必要的和适当的，也就是说，正如被要求反对一个当前足够庞大的威胁以构成一波军事攻击并不超过这个限度。在国际法学家中存在争论，关于是否能超过并且用作对未来恐怖主义袭击的震慑，以便达到这种程度的先发制人。② 然而，正如我们已经看到的，作为自卫性的武装干涉不必是惩罚性的，这一点很清楚。也就是说，这不能构成一种对恐怖行动的惩罚形式，因为通常对罪犯的制裁是无用的。显然，这是很多面对国际恐怖主义所做出的反应的特点，并且他们同样不能被视为涉

---

　　① 比较安东尼奥·汤卡：《外国军队干涉内部冲突》（Antonio Tanca, *Foreign Armed Intervention in Internal Conflict*, pp. 76-81）。
　　② 参见克里斯廷·格雷：《国际法》（Christine Gray, *International Law*, pp. 115-119）。

及对另一个国家的可允许的干涉。这样的行动公开反对把自己表现为一种政治行为形式的干涉，无论是反对恐怖分子本身还是反对窝藏他们的国家。唯一能够切实如此表现的军事行动是那些为了执行国际法的行动。但是，违反国际法几乎不是对它的支持的一种方式，因为专横的道德标准正好经常激励恐怖分子。通常，如果是为了和平和对冤屈的合理补偿的话，就必须奉行各方面所共同遵守的政策。

在发动对抗国际恐怖主义组织的战争中，无论如何都存在一个必须提及的特殊危险。如果说国内的恐怖分子一般属于极端主义者，通过在其领地内大多数人都支持的武装政策开展行动的话，那么国际恐怖分子则通常属于"领导者"，也就是说，他们通过开展企图引发军事反应的行动，寻求人们对他们喜好的政策的支持，并据此把人们分化为朋友和敌人。泛伊斯兰组织的行动就属于此类。当很多国家中的穆斯林认可一个共同的伊斯兰身份时，异教徒的攻击就会引起同一宗教的人的愤恨，这至今仍然是穆斯林从渴望到重建共同政治身份的一条漫长转变之路。这种共同的政治身份曾经在共同（至少是逊尼派）臣服于巴格达的伊斯兰教主时出现过，直到巴格达的伊斯兰教主被奥斯曼帝国的苏丹击败。然而，泛伊斯兰组织试图通过将自己置于革命斗争领导者的位置，动摇现存的国家界限，诱使西方国家对抗大量的穆斯林国家来实现这一转变。在这种情况下，危险在于战争其实推动了身份政治的特定展示，其结果可能比起初引发战争的攻击还要严重。

然而，不应当认为泛伊斯兰政治认同必然会造成比其他认同更大的威胁，除非可能在其范围内动摇现存结构（顺便提一下，这不会比苏联解体更糟）。在这里有一个充分的理由去担心，对泛伊斯兰主义者的攻击只不过证明了西方更喜欢建立在自由原则之上的国家，围绕共同的特性，如语言和历史，超越一个政治组织的不同文

125

化原则。这样一种倾向非常不同于一个组织形式的承诺，即把一个国家内的所有居民作为平等的公民对待。然而他们认同自身——一个主要的伊斯兰国家经常有的承诺，通过各种设计，能够得到履行。[①] 正是对这一承诺的挑战，而不是对自由主义的排斥，造成了在一些形势下对和平和安全的威胁，而这也使我们明白联合国发起军事行动的职责，早前曾提到过，这是对国际恐怖主义进行正义干涉所提供的第二种选择。

当应对和平与安全面临的威胁时，尽管不总是直接由安理会授权，但一些人道主义干涉因其遵照安理会决议，所以是正当的。存在一个危险，即这样的正当理由反映了一种普遍观点，那就是什么种类的行动构成威胁，而不是构成对特定政治形势的特殊关切。因此，正是在这种思想观念中，恐怖主义本质上是一种对国际和平与安全的威胁，这就要求在安理会授权下的集体行动。照字面意义，"安全"是源自关切的自由，即源自一种焦虑，这种焦虑可能阻止人们参与由政府管制的彼此间的交往。安全的维系是保存这样一种社会秩序，反对威胁消解这一秩序。就国内恐怖主义而言，完成这一任务的责任依靠的是特定的政府。在那里，政府缺乏能力维持秩序，这可能是因为它没有获得足够的民众支持。而且安全可能最容易被保证，例如，承认造反者的主张，而不是对他们进行抵抗。一般而言，不论是通过国际组织或其他方式，这都不是其他国家所应干涉的事务。

国际恐怖主义与其有何不同呢？面对这样一个在攻击下根据国际法做出有效反应的国家，可能存在这样一个异议，即要求在明确的联合国授权下为了提供集体安全而行动。这种行动的目的首先是

---

① 源自"粟粒"系统，参见拉尔夫·葛瑞劳：《多元论和差异政治》（Ralph Grillo, *Pluralism and the Politics of Difference*, Oxford: Oxford University Press, 1998, ch. 4）。

给予被侵略的受害者以援助，并且防止因单方面行动而可能导致的暴力升级。针对国际恐怖主义分子的攻击，可能要求一个集体反应——将维护和平与恢复安全作为它的主要目标，以便军事成为最后的手段而勉强使用，受害者本身没有报复的动机。当然，这种反应的有效性要求一种对和平的真正承诺，这种承诺与倾向于使用使人产生特殊政治目标的形势并不一致。

　　毫无疑问，这里存在一个唯心主义因素。但是在这样的集体安全安排之后的思考不应该与世界主义相混淆，并不是国际机构正在接管不能再保证其民众安全的国家的职责，因为正是国家被援助以履行其责任，而非被削弱。世界主义者的思想应该很少被许可玷污反对国际恐怖主义组织的集体安全行动的目的，即重建安全，也就是说，重建一种能够通过执行法律来维持秩序的形势。它不会被混淆于那种世界主义者所设想的国际法执行行动，因为在这种法律范围内领域的安全能够被贯彻是一件事，强制执行则完全是另外一件事。正如在人道主义干涉中，用类似于反对国际恐怖主义的集体行动去维持治安是非常不适当的。因为，在他们是有罪的邪恶攻击和缺少战士豁免权的范围内，在适当的管理权限之内的审判是正当的补救，而不是战争（战争自相矛盾地为他们提供了要求这种豁免权的理由）。

　　然而，世界主义者的观点似乎确实影响到了反对国际恐怖主义行动的观点，后者实际上正是运用了这些方式。可以看到，在教化观念中，就像不仅针对消除一些特殊的和局部的危险，而且消除一 *122* 个普遍的和渗透性的对"文明价值观"的威胁，或者是类似之物，也就是说在世界主义者的观念中，这类价值观支撑着恐怖分子所轻视的人权。然而，一场反恐战争以及支持这种价值观是否可能有所成就，这一点是非常不确定的。是次国家行为体本身以某种方式进行了威胁人权的武装行动吗？当然不是，因为有时这些行动是用来保护民众的。是特定的次国家行动跨越了国际边界吗？也不是，因为有时这些行动被称作是自卫性的，不是无缘无故的。是次国家行动破坏了能够维持法律和秩序的边界的稳定吗？仍然不是，因为在广泛的自由原则之上，存在宽广的、自主斗争的容忍度，它比其他可能的方式似乎更能达到预期的效果。那么，是一场反恐战争在道德上持续地伴随人道主义干涉以保护民众反对一个压制的国家政权吗？是一场反对犯下粗暴践踏人权罪行的国家政权的战斗吗？当试图进行比照时①，答案也应当是否定的。当慎重思考人道主义干涉时可以确定，恐怖袭击不仅决定了平民灾难的规模，也决定了生命逝去的规模，在诸如"9·11"或其他更多的小规模的恐怖袭击中可以体现这一点；对安全的威胁就来自于恐怖袭击。然而，至今正是国家系统的有效运行提供了安全，而不是一些未经检验的世界主义者的理论。

对战争罪的审判

不论是人道主义还是自卫性的外国干涉，经常旨在逮捕和审判犯罪的政权成员，包括政治和军事官员，或是被窝藏的恐怖分子。这种干涉是以世界主义原则为基础，是国际警察本质特点的自然推论。确实，国际正义是有范围的，正如在联合国框架下设立的国际法庭和法院所显示的。但是我们需要探究其基本原理，不能简单地认为，它仅仅是贯彻一些普遍的道德标准的一种方式。同样，任何
特定的国际行动可能被被告所反对，因为强加的标准是他们在内心中所排斥的，他们相信在特定环境中他们的行为从道义上讲是正义的。这可能夸大了这种冤屈的程度，承认他们中很多被控告为国际

_123_

---

① 比较杰弗里·罗伯逊：《反人类罪》（Geoffrey Robertson, *Crimes against Humanity*, pp. 315 f. , 335 f)。

罪犯的人知道他们的所作所为即使是按照他们自己的标准也是错误的。① 然而，重要的是，国际审判不应该出现强加道德标准在不承认它们的人身上的现象，特别是这些标准来自于武装冲突中获胜的一方。那么，其重要性要求一个独立于这些来源模糊的道德标准的基本原则，例如那些公认的、广泛的道德规范。②

最明显地来自于这本书的论点是，人们在国际法庭或法院上受到审判，目的应该是对他们正当履行职责进行制裁，一般的国内法对此是无能为力的。设立于 1998 年的国际刑事法庭对四种犯罪有裁判权：种族屠杀罪、反人类罪、战争罪和侵略罪（一旦能够被确切定义，那么就可能加上侵略罪——尽管以"反和平罪"的形式，纳粹曾经在纽伦堡受到审判）。连同种族屠杀罪和反人类罪，归根到底尽管在原则上不是政治家、政治领导者和官员所犯"反和平罪"的类型，但战争罪，从狭义上讲是对战争法的违背，主要指士兵所犯的罪行。分析法院的诉讼，还有高于法院的特别法庭的诉讼，一方面旨在规范政治家的行为，另一方面规范士兵的行为，这不能通过其他方式控制。它们是国际社会需要的表现，就前者而言，需要他们代表其成员和类似的群体，对后者而言，需要他们为其成员进行斗争。

国际侵略是反对这些规则的犯罪的清楚案例，人们不仅仅期望国内管辖权能够公正操控这些规则。然而同样的，在特殊案例中，攻击性的军事行动是否构成侵略是一个政治上存在争议的事情，无法期望有完全合法的特别法庭判决除了最臭名昭著的案例以外的诉讼。正是这种存在争议的订立全面和平协议的案例比法律进程更合适，因为其要求双方一致同意，而不是相互责备。这同样适用于能 *124*

① 比较彼得·A·弗伦奇：《不可选择的罪恶与道德责任》，见《战争罪和集体不道德行为》（Peter A. French, 'Unchosen Evil and Moral Responsibility', in A. Jokic (ed.), *War Crimes and Collective Wrongdoing*, Malden, MA: Blackwell, 2001, p. 39）。

② 佩斯·艾伦·葛沃斯：《战争罪和人权》（Pace Alan Gewirth, 'War Crimes and Human Rights' in ibid., p. 51）。

够被国内法所处理的内部冲突，国内法以和平为利益，可能因为特权而被暂缓，正如我们将会看到的。更为普遍的是种族屠杀和反人类罪不可能令人满意地被国内法庭裁决。它们起源于深刻的种族或政治特性分歧，不能在当时的法律诉讼中解决，这或是反应为对一方的报复，例如卢旺达图西族人坚持铲除胡突族人，或是反应为替另一方开脱，如在南美国家已被证明失败的反对资历较深的武装人员的合法行动。

然而，如果能被公正判决的话，即使这样严重的犯罪也应该在国内得到处理，这会更好一些，因为不论他们已犯什么其他错误，他们都亵渎了自己的国家——或是没有公正对待一些本国公民，或是没有以适当方式代表这些公民的利益。只有国内法庭能使民众意识到这一点并因此正确恢复自己的角色。确实，在这种事例中①，国内正义好过国际正义的一个相关原因在于，它强迫民众面对他们自己在对国内或国外同胞所犯罪行过程中的责任，因为他们的领导者几乎不能在没有共谋的情况下对他们负责。只有当审讯或其他质询在他们自己的管理权范围内发生，他们才能够看到单独立足于他们的利益而进行的审判，而不是以全球社会的名义进行审判。

它可能被反对，但是通常存在难以克服的困难，例如那些在国内法庭宣判之前就被视为反人类罪的罪行。政治家通常不会破坏自己国家的法律而犯下反人类罪。他们可能会确保调整法律以批准他们的反人类行为。那么，审判他们将会违背罪刑法定的原则（nulla poena sine lege）。实际上，这是那些在纽伦堡被审讯的人自我辩护的一部分。但是，不管这种审判存在多少瑕疵，纽伦堡国际法庭在这一点上是正确的，正如当时的德国法理学家古斯塔夫·拉德布鲁赫（Gustav Radbruch）在其著名的准则中所解释的那样：

① 参见伯利·T·威尔金斯：《谁的审判？——谁的和解？》（Burleigh T. Wilkins, 'Whose Trials? —Whose Reconciliations?' in ibid., p. 95）。

正义不是目标的地方，在设定积极的法律过程中，平等——正义的核心——被故意否定，那么法律不仅是"虚伪的法律"，而且丝毫没有权利要求合法身份。①

关键在于政治领导者确实违背他们角色的要求，盗用法律这一工具达到超出合法性的目的，他们没有作为公共角色的占有者而行动，因此他们的行动不能成功创建法律。他们已经达到失去其官方性质的程度以至于他们的行动不被人们承认为公共行为。因此，完全是为了责难他们破坏其试图取消的法律，这些法律禁止谋杀、绑架等等。

从严格意义上讲，就涉及的士兵战争罪而言，似乎存在一个更直接的例证以证明国内裁判权比国际裁判权更可取。然而，这也关系到需要政治家和平民识别自己的责任，确保他们在法律规范内为了自身利益而斗争。当下级士兵的行为作为维持纪律和秩序的一部分的军事程序而被规范时，命令者的行为也需要被公开考核，以便民众能够了解并且接受限制，其军队也必须接受这些限制。正如我们看到的，因为，只有当他们把自己视为公民而不是一个想象中与政治有关的身份（例如种族特性）时，他们才会在面对不可控制的憎恨和报复的暴力时意识到这些限制的重要性。至少当激情冷却的时候，直接攻击平民、虐待战俘等等在国内被视为不可接受的事情，在国际法庭上同样如此。确实，他们仅仅是国内犯罪，但犯下这些罪行时士兵也就失去了作为战士所拥有的豁免权。

然而，非常不合比例的行动不会因处理国内事务的理由而得到认可，因为他们大概在利用战士豁免权。对于这种一国战士以最小代价达到军事目的，而敌方平民却付出最大代价的非常不合比例的

---

① 引自罗伯特·阿莱克斯：《拉德布鲁赫准则的辩护》，见《重制法律规则》（Robert Alexy, 'A Defence of Radbruch's Formula', in D. Dyzenhaus (ed.), *Recrafting the Rule of Law*, Oxford: Hart, 1999, p. 16）。

行动必须被禁止。尽管可以论证这些战争行为最需要得到控制，但
126 很难看到国际法庭能够令人满意地对其进行判决，因为合比例措施
很难被纯粹定义为军事概念而不是政治概念。即使从狭义的战争罪
方面讨论，也没有一个人会说国际审判没有地位。尽管在第一种例
子中政治家和政治领导者是有责任的，正如他们倾向于对其民众负
责，但士兵对其国际社会的同行也是有责任的——就士兵而言，军
事团体在历史上是通过习俗后来通过协定而形成的，已经通过相互
达成一致意见而制定了很多战争法案。违背它们就是违反了公认的
规则，这些规则控制着他们与同行士兵的关系，并且后者也同样需
要注意这些规则。正如前面论述过的，战争期间报复的目的在于阻
止进一步的侵害，针对战争罪犯的后战争诉讼的目的必然在于重新
订立战争法则，并以此作为军事行为的调节。

特　赦

可以论证，如果战争结局的真正的优先选项是和平，那么诸如
对发动侵略的有罪之人、战争罪犯等等的审判可能就被搁置了。在
缔造和平的过程中——为了切实保障和平——为那些可能被另外审
判的人提供特赦也许是必要的，这也是代表新式战争中文明冲突的
特殊事例。拥有世界主义观点的理论家以其特性显示了对这种特赦
的不信任。① 归根结底他们认为，尽管一个国家毫无疑问有合法权
利赦免纯粹的国内犯罪，但是反人类罪或反和平罪是国际性罪行，
犯罪者应当对整个国际社会负责。这些华丽的辞藻对这种论争没有
帮助，即把反对这样的行动视为像反对国内诸如禁止谋杀等罪行的

---

① 例如杰弗里·罗伯逊：《反人类罪》（Geoffrey Robertson, *Crimes against Humanity*, pp. 256 f）。

法律一样，或者像破坏国际社会的规则一样，犯罪者应当对需要打交道的政治领导者中的同行负责。像国家一样，他们也可能准备为了尽力追求的和平把罪行搁置一边。

在不同的环境中，在不同的情况下，实行不同的特赦。有时是完全无条件的或是有条件的，完全取决于这些特赦能够为重建持续 *127* 的和平提供什么，例如释放战俘就是北爱尔兰和平进程中至关重要的部分。有时这标志着准备把过去搁置一边；有时则仅仅意味着顺从权力实体，正如很多南美国家，军队推翻民主政府。[①] 在所有这些例子中，对正义的思量让位于对和平的需要。然而，在其他案例中，进行特赦的条件是与一个纪律委员会合作，这个纪律委员会被设计用来确认所谓的在冲突中发生的践踏人权的真实性。在这里，主要的目的是确保两个部分之间的和解，而且，这一调查是否会服务于这个目的是一个政治判断力的问题。例如，就北爱尔兰而言，爱尔兰总理伯蒂·埃亨（Bertie Ahern）说他的"民众的看法，总而言之，在于潜在的伤害将来自于败露的事件，并反对特殊小型社团的背景和地方团体获得超额权益"[②]。

埃亨是在从南非返回时讲这番话的，南非的"真相与和解委员会"（Truth and Reconciliation Commission，简称 TRC）在这类进程中是最知名的。该委员会创立于种族隔离政权崩溃以后，这一政权不仅经常践踏人权，而且发动了一场针对"非洲人国民大会"（African National Congress，简称 ANC）的肮脏战争。当真相与和解委员会承担牺牲正义以达到其他目的时，支持者对此进行了否定，并宣称或者它提供一个正义与社会团结之间的原则性妥协[③]，

---

① 参见 C. J. 安森：《拉丁美洲比较和平进程》（C. J. Arnson（ed.），*Comparative Peace Processes in Latin America*，Washington，DC：Woodrow Wilson Center，1999）。

② 《爱尔兰时代》2000 年 1 月 13 日（*The Irish Times*，13 January，2000）。

③ J. 艾伦：《平衡正义与社会团结》，见《多伦多大学法律杂志》（J. Allen，'Balancing Justice and Social Unity'，*University of Toronto Law Journal* 49，1999）。

或者当不进行惩罚性审判的话，提供另一种形式——重建公正。①在任何情况中，他们都声称豁免对于正在经历转变的南非来说是适当的。②那么，有三个问题我们必须处理。一是，真相与和解委员会对不公正行为负责的程度能够达到多高。二是，真相与和解委员会外在或隐含的目标是否确实都是针对刑事和民事审判。三是，真相与和解委员会所处的环境变迁如何与它所追求的正义相关联。

真相与和解委员会的对手叫喊说："没有特赦，不会遗忘，只有正义的审判。"③实际上，他们的异议在于，那些获得特赦的人在委员会面前所表现出的回报是为了逃脱谋杀和其他罪行，他们也被免于民事起诉。因此，犯罪者既不会被处罚也不会对其所犯罪行进行赔偿。犯罪者没有得到他们应得的惩罚，而对受害者的不公正也没有得到纠正。无论在政治上怎样为此辩护，用康德的话说："如果以牺牲正义为代价换取报酬，那么审判将会终止正义。"④这是一种训诫。

两个截然不同的原则对真相与和解委员会没有释放正义的主张起作用。一是占多数的惩罚主义的观点，其主张除非每一个罪犯被处罚，否则正义得不到伸张。另一个是受害者——或其家人——有向罪犯索赔的权利。需要把这两种思想集合在一起，而且只有集合在一起，才会产生好的效果。詹姆斯·菲茨章·斯蒂芬爵士（Sir James Fitzjames Stephen）曾带讽刺意味地提到："犯罪诉讼坚持体

---

① J.J.卢埃林、R.豪斯：《重建公正的机构》，见《多伦多大学法律杂志》(J. J. Llewellyn & R. House, 'Institutions for Restorative Justice' in ibid)。

② 参见大卫·A·克罗克：《转变中的正义和国际文明社会》，见《战争罪》(David A. Crocker, 'Transitional Justice and International Civil Society', in Jokie (ed.), *War Crimes*)。

③ 引自J.J.卢埃林、R.豪斯：《重建公正的机构》(J. J. Llewellyn & R. House, 'Institutions for Restorative Justice', p. 369)。

④ 引自泰德·洪德里奇：《惩罚》(Ted Honderich, *Punishment*, Harmondsworth: Penguin, p. 22)。

现报复的热情，就像婚姻之于性的欲望。"① 法律是为了受害者的利益而起作用，如果它不能提起公诉，那么就不公正地忽略了对于受害者的责任。那么，否认报复等同于真相与和解委员会把复仇制度化为目标就不足为奇了。

这里没有展开研究这些原则。② 我想要阐述的重点很简单，就是要关注受害者遭受的不公正待遇，它或是由受害者及其家人提出来，或者代表受害者和其家人的利益。正是这种责任必须得到响应。不清楚这种责任能否被诉诸妥协或原则来得以响应。因为，首先，妥协似乎让步于犯罪者，使他们不能得到应有的惩罚；其次，妥协不能够被受害者接受。如果妥协被回应为公正的或正义的，那么反应可能正是一种歪曲对方论点以驳斥对方的方法。妥协的正当性不在于什么是被怀疑的，而对待犯罪者的审判却是这样。

在让步于非正义的指控之前，让我们关注一下当一个践踏人权的犯罪者被特赦时会发生什么。犯罪者达成的交易是用他的沉默权交换豁免权。这样一种交易是次优的审判或者本身是运转着的一个正义的例证吗？当然没有涉及惩罚，但犯罪者必然相应地放弃某些东西，所以如果交易是正当的，那么可论证的正义就得以实现。这是否公正取决于所有相关方是否适当地进行了参与，他们做出的承诺是否不受不平等势力的损害（正如在南美发生的授予军人特赦权 *129* 的事例）。我不知道这些情形是否能够被说成与真相与和解委员会的掌控有关。受害者群体抱怨真相与和解委员会没有履行职责。但如果真相与和解委员会切实履行了职责，那么似乎没有理由假设一些其他等值物与正义进行了交换。所有已发生的事情都是因为不同

---

① 引自托马斯·鲍德温：《惩罚，交流和怨恨》，见《惩罚与政治理论》（Thomas Baldwin，'Punishment，Communication and Resentment'，in M. Matravers（ed.），*Punishment and Political Theory*，Oxford：Hart，1999，p. 129）。

② 参见泰德·洪德里奇：《惩罚》（Ted Honderich，*Punishment*，ch. 2 for discussion）中的探讨。

的利益彼此达到了一种适当的调和，这种结果不能被抽象地评测。

前面的思考带给我们第二个疑问：真相与和解委员会的目标能够被解释为包括那些普通刑事和民事诉讼吗？妥协的方法必须坚持：追求妥协但不能完全忽略惩罚的目的。即使想象中涉及的惩罚的特征不是如此受限以至于在对不公正负责之前就已经失效，但这似乎仍然是可疑的。因为，这些惩罚性目标到底是什么？真相与和解委员会最终报告宣称，所获得的是犯罪者对责任的一种承认，是暴露给公众后所产生的羞耻心及其效果。一些人把过程比作犯罪者在抗辩谈判中的供认过程。① 通过供认状，犯罪者承认做了坏事，这是实现惩罚的第一个目的。

不管这种被稀释的惩罚的优点何在，它的应用似乎具有广泛的影响。第一，犯罪者对责任的供认不是实质性意义上的忏悔：仅仅是承认一个行动在现实中以错误的形式表现出来；而不是承认行动本身就是错误的。因此，如果惩罚的目的是保护犯罪者，那么在真相与和解委员会没有行动之前，这第一步已经表现出来。第二，如果产生羞耻——而且这确实依靠犯罪者的同伴——这是真相与和解委员会试图进行的完全偶然的和没有必要的教训的一部分。如果惩罚旨在传达法庭挫败罪犯的信息的话，那么他仍然会以胜利者的姿态离开。

恢复正义方式的优势在于，能够识别这样的惩罚目的并不适用于真相与和解委员会，并且仍然坚持审判；而且，审判是一般管理刑事和民事法规的一部分和一个集合。涉及的恢复正义的方式在于正当地解决冲突而非进行补偿。真相与和解委员会必然采取这种意130义上的恢复正义作为它的任务——确定真相的任务并因此产生影

---

① 例如，丹·马克尔：《特赦的正义？复原国家中的惩罚主义理论》，见《多伦多大学法律杂志》（Dan Markel，'The Justice of Amnesty? Towards a Theory of Retributivism in Recovering States'，*University of Toronto Law Journal* 49，1999，p.437）。

响，正如一个恢复性概念的反对者所说："恢复只能把解决了冲突的受害者和加害者转移到安全社区。"① 这是把真相与和解委员会看作是实现正义的一条可行途径吗？

我认为，如果我们不是将其视为心理的而是一种本质上的象征性进程，而且各方不仅是个体的受害者和犯罪者，那么它就仅仅如此，但是南非黑人和种族隔离政策的受益者必须制造和平。这要求公共关系的道德重建，这种道德重建完全依靠确立平等的尊重，因此，它可能被称为释放正义。

现在我转而考虑如何转换到这样一种关系，真相与和解委员会寻求推动这种关系以影响如何能够释放正义这一问题。在我看来，第一件需要注意的事情是，尽管谈判摧毁了种族隔离政策，而且非洲人国民大会也中止了它的军事行动，但是政权却在低强度的国内战争中遭到失败。正是因为这个原因，惩罚的主要目的之一仅仅是不能适应于现在的环境，即通过过去的犯罪者预防进一步的犯罪。那些为了政权而遭受折磨或被杀害的人不再这样做；那些恐怖分子也不再有动力从事反国家的活动了。真相与和解委员会为政治犯所提供的特殊待遇默然承认了这些事实。无论审判形式如何适合操控这种转换，都必须平等考虑这里所涉及的权力转换的特性。

我认为，这不是惩罚和稳定之间如何达成一个原则性妥协的问题，但是，在冲突结束时，有着不同社会观和价值观的两个方面如何能够把社会平等与和谐整合在一起才是至关重要的。只有当转换被公正地执行时这才会发生，而且这也意味着在这一背景下，与冲突有关的犯罪者被公正地对待。可以论证，真相与和解委员会的批评家要求的惩罚不是公正的。人们感觉是"胜利者的审判"，一种缺乏道德观点的报复形式，这一观点能够辨识出那些把自己视为占

---

① 丹尼尔·范·尼斯引自《有原则的判决》(Daniel Van Ness quoted A. von Hirsch & A. Ashworth (eds.), *Principled Sentencing*, Oxford: Hart, 1998, p. 301)。

领一个不同于报复者的社会的犯罪者。① 也会立于一种把他自己融
入一个单独的多种族社会的途径中，不仅在个体水平，而且是处于
一种象征水平之上，这是真相与和解委员会的目标。

那些控制种族隔离制度的人滥用权力的犯罪证明了他们否定平
等尊重原则，这是一种深植于信念中的可憎的否定。通过倾向于使
犯罪者服从基于对平等尊重原则进行应用而产生的判决（这正是犯
罪者所轻视的），真相与和解委员会达到了两个目的。第一，它避
免了对强加给犯罪者以不能接受的价值观的指责，并因此无力影响
犯罪者。第二，它因此符合了给予犯罪者平等尊重的原则，把犯罪
者视为一个有自主能力的、能够选择什么规则的行动者（当然，这
不意味着要尊重犯罪者的原则）。对平等尊重原则的实际应用说明
了人们所希望的正义，用西塞罗的话说②，将形成"盟约"，单个政
治共同体的"盟约"——在这样一个社会中，不可能再发生种族隔
离制度下大规模践踏人权的现象。

我认为，创建"正义盟约"正是真相与和解委员会的目标。对
实现这一目标至关重要的一点是，平等对待类似行动。对我来说，
在真相与和解委员会作为种族隔离政权的国家恐怖主义组织之前，
非洲人国民大会自由战士被公平地审问，这一点很重要。当然，难
以想象的是，非洲人国民大会战士应该已经因为进行他们所采取的
正义战争行动而被判罚。可以说，种族隔离政策下的安全部队处于
虚弱的道德地位，正在打碎官方强迫执行的法律。但是只要依据事实
作出审判，同等对待他们，均不予处罚，可以说，在上升的程序转换
的过程中，平等对待作为一项正义原则将得到推行，这将是一个客观
教训。

① 比较艾伦·诺瑞：《阿尔贝特·斯皮尔和"共享空间"》，见《惩罚与政治理论》
（Alan Norrie, 'Albert Speer And "The Space Between"', in M. Matravers (ed.), *Punish-ment and Political Theory*, p. 136）。

② 西塞罗：《论共和》（Cicero, *De republica*, many translations, Ⅲ 31）。

第七章　重建和平

结束新式战争

新式战争的爆发引出了三个亟待解决的问题：如何结束战争，¹³⁴ 如何解决新式战争引发的冲突，如何缔造一种不再可能爆发新式战争的环境。一个哲学家对于回答这样的问题的贡献必然受到限制——可能仅仅被限制于识别和细察涉及的一些设想的答案。然而，问题是现实中的问题，同时，这些问题不仅有实际的一面，而且有道德的一面。在正义战争理论中，战争的目的应当是一个正义的和平。但是，至关重要的是要认识到正义的和平不能仅仅被理解为和平加正义。在区别自卫性和惩罚性这两种正义战争理论时，我尽力指出，在前者的概念中，战争的正当目的是和平与安全，而后者仅仅就是正义。所以，在我所推荐的自卫性正义战争理论中，正义的和平的目的不应该被理解为释放正义的和平，希望会这样。而正义应当成为获得的和平的特性，而不是作为一个附属于和平的因素。那么，使和平成为正义而非非正义的是不能把不合理的条款强加在获胜一方的头上以作为胜利的结果。也就是说，胜利只能作为一种结局，即确立了具有适当安全度的和平，否则将等同于把自卫战争转变为政治利益超越战争所应实现的安全这样一种侵略战争。我们可以在心中发问：如何公正地结束新式战争？其后应当出现哪

135 种安全的和平？也可以最为雄心壮志地去思考，一种什么样的世界秩序能够把次国家行为体发动战争的危险降到最小？

　　那么，我们从结束特殊的新式战争开始，对于所有战争来说，都有两种可能的结局：军事或外交。战争不是通过一方把自己的意愿强加给另一方从而宣告胜利而结束；就是通过协商而达成和约，有时这是一种军事僵持的结果，另一方力图避免全面溃败。然而，与次国家对手进行和谈在部分国家存在巨大阻力，因为他们已经被贴上恐怖分子的标签，从而使这种抗拒得以正当化。① 一些相关的考虑可能被集合起来以支持这种态度。一是次国家军事组织成员仅仅是罪犯，对他们所应做出的正确反应是逮捕并审判，而不是与他们进行协商。因为与他们进行协商将使他们具有一种虚假的身份，而暴力行动的罪犯不可能获得这一身份。迄今为止这一争论几乎没有使事情有所进展，因为国家的对手是那些进行威胁行动的个人，而非从事公共的和正当的政治战争行为的人，这仅仅反映了国家对其敌手的态度。争论也不会证明这种态度是正当的，在最后一章的结尾，我们抛出了疑问质疑这一假设：在这样一个背景下，罪犯无论如何都要被惩罚。其他的观点也可以被用来支持这一争论。先看结果论的观点，即不应该允许恐怖分子通过"炸开通向谈判桌的路"（或者通过这种方式影响政策变更）的方式得到回报，因为这将增加恐怖事件的发生。像所有这种估计，其结论最多就是不确定的，特别是当没有承诺向次国家组织开放非暴力途径的时候更可能是这种结果。如果考虑现实的经验（这种考虑本应该进行），那么只要不进行谈判，恐怖主义似乎将会持续下去。

　　再看另一种观点，它取决于论证发展的另一条非常不同的道路，即次国家暴力违背了要求磋商的传统，以至于恐怖分子不能被

---

　　① 参见我的《恐怖主义、安全和民族性》（*Terrorism, Security and Nationality*, London: Routledge, 1994, pp. 161-172）。

承认为具有正当身份的组织。然而，这似乎显得奇怪。双方一再相互威胁或者提升暴力等级，都涉及进行结束战争谈判的潜流。假设剥夺了次国家组织的权利，各种言论可能一再反映了不愿去承认现实中战争引发了什么。如果他们普遍诉诸使他们丧失资格的特别的 *136* 非法暴力，那么，必须说，在这种冲突中，国家本身在它的方式运行下几乎不可能是无可责备的，而且，即使这样，国家也应当力求促使其对手诉诸法律。当他们坚持超越作为谈判派别的界限时，次国家组织几乎没有动力去遵守履行政治责任的规则。一旦他们被规则包含进去，他们就不仅需要行使其权力，而且需要证明其针对其他人的行动是正当的，而且，这给他们一种动力去保持克制，即使这种动力并不总是充足的。那么，在新式战争的情形下，谈判的目的不仅在于结束战争，而且在于把新式战争的参与者重新整合进入一个政治社会——国际的或国内的——他们已经背离了这个政治社会的规则。

当然，这并不是说他们必须放弃暴力从而被全然接受。这既是不切实际的，也是有失偏颇的，因为已建国家不会这样做。这不会有助于对形势做出清晰的评估。暴力，即使是非法暴力，都是形势变化的一个重要因素，也能表明人的情感，包括对理想的执著度，以及对不认同的人的仇恨程度。但是，当这些感觉对冲突各方产生驱使作用时，他们的军事行动可能被延缓，例如进行谈判，因为冲突参与者有一个共同的政治责任，要求相互尊重并努力相互理解。人们能够期望看到，正是这些态度将会从政治领导者传递到他们的追随者，以便不同身份群体之间的密切互动被正常的政治所代替。无疑很多因素对此起阻碍作用。但是，应该避免否认对手体面退出暴力舞台的观点和推动怨恨与复仇情绪的观点，正如我们看到的，这些观点是新式战争的恐怖根源。

结束一场冲突的目的，是确定什么能被双方接受，以便带来可以为双方提供安全的正义的和平。在这里，什么能够被认为是负责

的？不管双方权力关系如何，政治家在其职责范围内行事，对作为
群体代表和国际社会成员的双重要求负责，只有通过政治家的上述
实践所确立之事物，在这里才被视为合理。为结束新式战争而进行
137 的谈判也必须要有意识地引入这种标准。就像旧式战争一样，双方
的安全要求承认政治差异性，人们经常提到①，这不仅是为了停止
对抗，而是为了和平；双方的安全也要求冲突的解决能够使双方完
全通向新式战争不复存在的未来。

　　如何解决导致新式战争的这类冲突？乍一看似乎很明显，冲突
应当被公正解决，然而使一场身份战争得到公正解决所应考虑的事
物还很模糊。我已提出，新式战争的核心在于集体认同上的冲突，
这种认同只能以某种特殊方式从政治上识别。但是，我认为，这种
关于政治合法性的问题，其本身完全不是正义问题。没有好的理由
要求一系列政治安排都是合法的，都是对身份组织的尊重，并因此
没有通过拒绝尊重而不公正地对待他们。接下来，如果这是所有构
成新式战争基础的冲突所涉及的，那么就没有正义的解决结果，就
没有反对一个被一方或另一方单独理解的解决方案，也就没有双方
都理解的方案。尽管存在解决冲突的方式是否正义这一问题，也存
在解决的结果是否正义的问题，但在其范围内涉及不同于合法性的
争论。我们将在返回中心和最困难的问题之前考虑这些问题。

　　冲突能够以两种方式得到解决：通过一个公正的裁决，或是通
过双方协商。很多冲突的解决都涉及两种方式所包含的因素，但又
有不同的特点。前者是一种"外部"调停，正如我们所说，其依靠
的是对冲突产生的原因的分析，并产生一个计划，这一计划或是消
除冲突，或是用于冲突的解决，进而阻止战争。在科索沃问题上就
是这类典型的解决方式，外部干涉剥夺了一个有效政府的领土，对

---

　　① 例如，A. J. 考特茨：《战争伦理学》（A. J. Coates, *The Ethics of War*, Manchester: Manchester University Press, 1997, pp. 278, 283）。

各方而言，这一计划是强加的，至少是作为临时措施。一个外部解决本身可能有两种类型。它可能是完全实际的，寻求识别并纠正冲突发生的潜在原因，例如一个群体缺少经济机会，或是寻求处理冲突的症状，如隔离其民众。另一方面，正如它所表现出的，是一种司法调停，着眼于解决苦难并权衡冲突违背正义标准的程度，只有这种过程才被认为是解决冲突的正当方式。

正如我刚才指出的，很明显，当外部调停是司法裁决时，它就不能推荐给冲突各派，因为它所依靠的正义标准不是冲突各派的正义标准。然而，如何公正对待民众，在不同的社会有不同的标准，这依赖于对许多道理的理解，例如，一些人认为这些标准理所应当，另一些人则会拒绝这些标准，而理解本身则起因于人们不同的社会实践。例如，正是这种分歧的理解区分了殖民者和本地人的两种观点，殖民者认为对已进行耕作的土地有正当索取权，本地人认为非法剥夺了对土地的使用权，即使他们没有所有权。而且，因为这样的不一致，巨大的政治冲突得以出现，并爆发了暴力事件，正如印度尼西亚和南美的部分地区由于控制土地而出现的问题。如果打算解决这些冲突，那么从协调冲突双方的意义上讲，达成的协议必须是一个"内部"协议，而不是凭空强加给双方的。因为，无论一个外部调解协议如何有效，就算把各方自己的正义标准都考虑到，它仍可能不会被认为是公正的。

我认为，这是具有非常普遍性的结论：要公正地达成一个协议就必须这样——各方在原则上应当根据他们自己的标准和形势承认公正性，而且协议必须在各方之间达成。① 这是一个与身份政治冲突特别有关的结论。因为这类冲突中很多——可能是全部——都涉

① 比较詹姆斯·塔利：《奇怪的多样性：多样化时代的宪政主义》（James Tully, *Strange Multiplicity: Constitutionalism in an Age of Diversity*, Cambridge: Cambridge University Press, 1995, ch. 4）。

及怎样评价行动结果的分歧。决议要求双方把握彼此的价值观。然而，因为具有不同的价值观，一个决议的达成是否会成为可能？在这里，我们需要区别两种解决方式。一种是充分直接的方式。这仅仅是承认，一些事情被反对者评估为一定程度，而反对者准备为之斗争——为了被原始森林覆盖的领土，例如像印度尼西亚的西伊里安省。然而，反对者也将放弃一些按照自己标准所评估的事物，例如经济发展的机会。一种解决方案包括试图妥协于竞争利益，以便双方得到他们想要但不能全得之物。这种妥协可能会也可能不会成功，但它是否正义则取决于考虑彼此价值观的程度，而不是仅根据自己在讨价还价中的实力。双方都不会认为自己公平地得到了应得的，但是妥协可能仍就被认为是一种正义的解决方案。这类妥协是政治的基本要素，而且是政治家能够开展公平协商的才能的标志，在这种意义上讲，既不会滥用权力，也不会说教式地忽视利益，因为正是在趋向和平的政治社会中，这类的公正才会被认可。

第二种解决方式不仅要求掌握事物被评价的事实，而且还要求理解为什么会如此，因此，从这种程度上讲，要求凭借想象力理解对手的动机。这种方式的目的不是妥协而是和解①，被反对者所评价的一些结果不仅被作为关于她的事实而被接受，而且在她自己的生活方式内被承认，这是被支持而不是被指责的。基本上，由这一方式产生的解决方案能够被双方接受而产生一个正当结果，因为彼此都会尽力从对方的角度、依照对方的标准促使对方达成目标。双方都没有决定结果的价值观能够完全被彼此作为正义而非对正义的背离来承认。因为如果它被视为一种背离，那么就预示着不能达成和解。然而，必须强调的是，这种意义上所说的和解并不意味着人

① 比较查尔斯·布拉特博格：《从多元论到爱国主义政治》（Charles Blattberg, *From Pluralist to Patriotic Politics*, Oxford: Oxford University Press, 2000, chs 3-4）。

们必然能够持续和平地在国家组织内生活。和解在得到授权的双方领导者之间达成，而每一方所获结果都是值得的。原本不可能在同一个国家组织中追寻利益的各方，通过一种和解的解决方式与国家各部分和谐共存，在一个共同的国家中相互迁就融合。①

我认为各种需要由妥协或和解来解决的冲突，例如侵略领土，不是那些与合法性问题有直接关系的冲突，而是与正义结果能否不存争议地被看到的问题相联系的冲突。我回到寻求合法性的问题上，这种诉求不会容许有这样一种结果。然而，他们确实承认的是 *140* 解决的过程是正义的；而且，我认为，这排除了外部解决，这种解决可能被裁决者自己的合法性观念所扭曲，例如，在科索沃是否应该独立的问题上，一个德国人基于种族考虑所做出的裁决可能不同于一个美国多文化主义者所做出的裁决。产生妥协的内部协商在一些政治环境中可能是一类正义进程。例如，一种政治身份的种族标准被一个群体采用，但是被其所在国家拒绝，那么这个群体的区域自治就是明显的妥协案例，这一妥协是在群体分离主义者的要求和国家通过一些非种族标准坚持其合法性这两者之间达成的。但是，如果没有把双方关于一种集体的其他评价正确评估为对特定情感的聚焦，那么妥协可能是不稳固的。科索沃问题再次提供了案例，在那里，区域自治被南斯拉夫政府削弱，造成的部分结果是阿尔巴尼亚人提高了种族认同感，这是一场迁移，其证明了如此悲剧性地产生相反结果以至于长期回归这一安排将不再具有可能性。

但是，如何勾画和解过程以适用于对合法性的争论？各方需要把握的是如何以不同方式把他们确实能够实现的、对各自生活方式起重要作用的价值观结合在一起。这可能或多或少容易一些，取决

---

① 布拉特博格不希望用"迁就融和"这个词，因为冲突据此被"克服"，见查尔斯·布拉特博格：《从多元论到爱国主义政治》，120 页。

于在结合形式方面存在分歧的程度和他们对其成员所要求的特有的忠诚度。因此，在后威斯特伐利亚国家组成的世界中，西方社会发现很难理解西方世界的某些部分优先考虑伊斯兰教作为责任和忠贞的中心。较容易意识到对基于少数民族语言的小型文化社会的依恋，即使其没有提供一个现成的途径进入现代文明；因为大多数西方国家是建立在共同语言的基础之上。在特殊环境中，可能有也可能没有一种方法存在，并可将一个国家中不同群体对不同结果的追求整合起来。而且，是否存在这种方法部分取决于这个国家的民众是否普遍准备赏识彼此的不同，甚至称赞这些不同。

141　　　　然而，在任何情况下，一个和解方案都只能由事情相关方所设计和决定。结果是否公正很明显不取决于一些合法性标准是否已经被公正地应用，因为并不存在公认的标准。而且，如果我是正确的，那么也不存在可理性推荐的标准。结果将是非公正的，因为它导致了合法的政治安排。这将是正义的，因为它尽可能考虑了可能的结局，冲突各方也认为可以证明他们合法性要求的正当性，而只有那些希望看到这一结局的人才能够判决。

预防战争

　　从前面预防战争冲突的论述中可以看到，对于引起新式战争的各类问题不存在具有普遍性的解决方案，更不会存在一种先验、可用的解决方案。然而，在考虑如何预防新的战争时，我们需要考虑对和平产生不利影响的国家和群体的特点，并且追问它们如何改变以有利于和平。从广义上讲，就国家而言，存在两种主要的思想派别。一种我们已经遇到过，就是世界主义观点。持这种观点的人认为，根本问题在于不公正，这种不公正起源于国家凭其地位侵犯自己民众的人权而不会受到惩罚，并且忽视其他国家的民众的要求，例如，公平分享世界财富。因此这个国家的少数民族被欺压，而且这种情况在其他国家造成局部压迫，成为缺乏资源的一种结果。解决方案主要是减少国家权力，例如一方面允许人道主义干涉，另一方面要求重新分配资源。我们已经提出过批评前一种方案的理由，而对后一种方案的论证则会使我们远离主题。①

世界主义观点中的普遍问题在于它假定了一个想象中的理想国度，而没有随之给出一个我们如何从现实出发抵达这一理想国的思考。这不仅是一个实用主义的问题。因为国际正义趋向于忽视这样一个事实，政治价值观是在特定文化框架中获得的。假设人们反对其更大的世界权限和控制原则，原因主要在于局部的利己主义②，而不是因为对政治安排的一种依恋，这种安排能够被很好地理解为在范围内操作，但是事实却正好与之相反。世界主义者乐观地认为更大的跨国接触将会改变这种态度，这是没有理由的。因为，在它们存在的范围内，跨国接触在现存国家系统中有代表性地产生，而把国家联合在一起的恰恰就是世界主义者所寻求的合格的政治独立和领土掌控。而且，正是作为国家的公民，我们才意识到国家是正义还是非正义地行动的程度。国际正义没有提供令人信服的选项来说明这种观点如何可能跨越文化界限而被共享。

关于国家如何改变以利于促进和平的第二种主要观点是国家主义或一些其他相关的身份政治类型。其结论是国家没有充分考虑民族身份。"国家作为一个纯粹公共机构实体是没有自然界限的，"这

---

① 不过存在一个强有力的论证证明不平等是国际恐怖主义产生的原因，参见泰德·洪德里奇：《追求恐怖》（Ted Honderich, *After the Terror*, Edinburgh: Edinburgh University Press, 2002）。

② 参见查尔斯·R·贝兹：《国际事务中的主权国家和道德观》，见《当今政治理论》（Charles R. Beitz, 'Sovereignty and Morality in International Affairs', in D. Held (ed.), *Political Theory Today*, Oxford: Polity, 1991, p. 252）。

种观点主张，"而且构成这种单位的一个系统可能是有冲突倾向和强力导向的。"① 极端的国家主义观点规定在国家和民族之间具有更好的和谐，而稍微适中一些的观点则赞成联邦制、联盟主义或者其他安排，在其中基本的政治单位是身份群体。其根本原因可能在于这样的群体是人们忠诚的自然聚焦或者是人们的选择。在任何情况下，导致暴力的直接原因将会被其周围正在建立的国家移除，而非尝试抑制它们。但是我们已经看到，我们前面也已注意到，国家主义观点最难以克服的问题在于，没有一个一致的标准来回答：什么类型的群体应该被视为一个民族，从而什么提供一个国家及其"自然界限"。人们确实在这方面存在不同意见，即这件事是否是由某些相关的客观因素——种族划分、历史或其他——来决定，还是由人们的依恋感来决定。如果是前者，那么关于人们的类集（grouping）或次类集（sub-grouping）的复杂因素无论如何不会使一个相应的国家系统让步于一个分裂群体系统。如果是后者，因为人们的情感不是单一的或稳定的，所以他们不会让步于一个与情感不适应的群体系统以巩固国家系统。无论系统存在于何处，只要它们是为了政治目的而被运用，那么身份分离就可能会出现。②

143　　一个人可能认为，国家系统的问题源自角色政治的观点，而这恰恰对立于国家主义者的判断。系统非常精确地适应于群体，这一群体通过一些标准或其他什么——基于对政治上的自身利益的考虑而进行选择——被视为民族。而且这种适应被要求作为合法性神化的一个结果，其坚持国家和人们的一些关系，这些关系把国家从"一个纯粹的公共机构实体"转变为一个其边界以某种方式被证明是正当的实体，这不仅根据在特殊的政治环境中可能需要什么，而

① 巴瑞·布赞：《人，国家和恐惧》（Barry Buzan, *People, States and Fear*, New York：Harvester Wheatsheaf, 1991, p. 176）。
② 这是唐纳德·L·豪洛维兹《冲突中的族群》一书的全部观点（Donald L. Horowitz, *Ethnic Groups in Conflict*, Berkeley：University of California Press, 1985）。

且与一些旨在把世界分割为国家的系统原则一致。我已论证，没有什么是可行的，而且对这一事实的识别对于揭示很多宣称导致冲突的言论应该有点用处。至少从某种程度上说，一个人们承认国家是"纯粹的公共机构"的世界可能是一个较为安全的世界，因为在其中无论发生什么冲突都不过是利益冲突，而且没有理由认为是这些利益因为同意合法性神化而以某种方式被减少。确实，全部原因都在于身份斗争普遍根植于利益冲突之中。然而，当这能够经常解释冲突的起源时，在利益形式不恰当地被改变后，身份群体仍能够长期坚持不变，而且它们能够吸引完全不受利益观念影响的人们，延长并拓宽冲突。①

　　然而，国际正义与国家主义共有一些假设，这些假设潜存于我所说的合法性神话之中，即除非人们对一些群体的同胞有特殊责任，否则不存在在群体周围划出国家边界的理由。与世界主义者形成鲜明对比的是，国际主义者否认存在任何这种特殊责任，而且因此继续攻击现有形式的强制推行这种责任的国家系统。但是，拒绝承认合法性神话的特殊责任仅仅起源于一个具有良好宪法和适当功能的国家的成员身份。他们没有，也不要求，进一步的限制，这比事实上他们被这类国家的公民所要求的要少。那么，描绘的道德可能是：只要责任希望人们尽可能走得远而不超越公民身份的要求即可，并且这被归功于其他公民。那么就此范围来说，在国家以内不存在产生纯粹政治冲突充分的理由；引起这种冲突的或是强迫施加不必要的责任，或是把一些人排除出受益于国家行使职责的范围。 *144*

　　超越那些公民身份本身固有的目标之上，存在来源于共有道德目标的共同利益，从追求这种利益的意义上讲，对根植于共同民族

---

　　① 而且，确实，导致军事行动以反对一个群体的利益，比较约翰·麦克盖瑞和布伦南·奥来芮：《解释北爱尔兰》(John McGarry & Brendan O'Leary, *Explaining Northern Ireland*, Oxford: Blackwell, 1995, pp. 296—298)。

中的合法性神话进行搁置，意味着国家没有理由创建一个强力社会。我们可能认为，这些更为有限的目标仅仅是那些和平与和谐地合作以追求一个法律系统之下的共同利益的目标。涉及的共同利益源自对一个共有空间的占有，但这并不包含共有的道德目标，当然不同的价值观能够导致利益冲突。国家所可能追求的被视为共同利益的事物在每一个国家都会有所不同，取决于现实民众中所存在的合作或竞争的领域。但是，如果一个国家想要适当避免建立一个强力社会，那么它所应该抵制的是，通过指定一个道德目标作为民众所共有的对共同利益的认同，因为它是或者应该是，他们共同民族（或类似）身份的一个方面。而且，一个国家应该进行抵制恰恰是因为希望一些民众能够提供更多的自身价值，并且诬蔑那些没有提供更多价值的人不应得到同样身份的互惠利益。①

这就把我们从何种特征的国家实践能够被修改以便移除产生新式战争的一些共同原因的问题，转到身份群体如何可能改变的问题。如果国家确实降低了其假定的民族特性而没有失去作为特定政治的专有职责的核心地位的话，那么相应的，我认为，身份群体将会拥有较少的理由去要求一个单独的政治存在。一方面，他们将不能宣称他们因为道德目标与国家所推行的不同而被歧视，另一方面，也不能宣称他们因为不顺从而被压迫，或者更糟。如果他们要求一个政治实体专门推行他们的目标，那么他们就超越了合理期望，因为这将要求民众履行超越他们身份需要的责任。那么，在角色政治中，存在一个意义，在其中，国家间的公民身份是可以互换145 的，虽然现实中它们被如何理解取决于一个国家成员的特定文化和他们的权利和义务的政治历史，但其本质要求是一样的。因此，不应该认为这里所描述的角色政治仅仅是宗教改革后在西方国家得到发展的一个自由主义的版本。因为可以论证，这是一种特殊的历史

---

① 对罗马吉卜赛人和类似人群的处理为此提供了一个很好的例证。

和社会现象，是对自由价值观的承诺，能够超越对建立协调的公民身份完全必需的方式的理解。

　　角色政治所提供的观点的关键在于，一个既定国家的公民，其身份的确立在某种意义上应该被视为一个偶然，而非取决于公民身份和国家特性之间的关系。公民期望得到的共同利益——和谐地追求共同利益——之所以被称为共同利益，完全是因为它是国家的公民利益，它能使一个人发现他自己，它不会聚焦在对先前某个个人所追求的目标的评价上。因此，公民的公共利益完全不同于一个民族社会的利益，后者旨在追求一些民族目标，这些目标是根据其成员的民族身份的本质特征而确定的。所以，民族主义者不会仅仅因为是同民族的人而促进同伴的利益，但会因为大家都说同样的语言或信奉同样的信仰而促进同民族的公民的利益。他们通过是否说同样的语言、是否拥有同样的信仰来评价一个群体，因此，对那些不具备同样价值观或文化的人，他们会坚决地将其排除出民族社会。而且，这种民族目标更多的是，对其成员进行要求，而非仅仅是成员对目标进行要求。

　　我认为，这正是导致战争发生的潜在原因。因为，一方面，它可能向群体成员要求支持，以利于为了他们的民族而进行政治分离，而不是仅仅通过创建一个新政体使被压迫民众能够享受到平等的公民身份。另一方面，它可能要求一个国家的所有公民把自己看作参与到一个比一般和平生活更广泛的事业中。正如已经显现的，这可能不仅有疏远那些不重视它的人的效果，还有造成动荡和导致分裂的效果，尽管这种分裂被他们随后进行的镇压证明是正当的。它也可能产生民族统一主义者和相关运动，他们共同的事业被认为与国家以外的其他人的事业一致。例证包括动员同文同种人士，如 *146* 联合科索沃与阿尔巴尼亚的运动一样，或是集合本宗教教徒，例如泛伊斯兰主义，这些都动摇了国家边界并引起冲突。一个国家主义怀疑论观点以一种类似的眼光将其视为寻求破坏边界以反对一个普遍的、事实上是对西方价值观的强制接受。

把身份战争的根源定位于利益冲突似乎是合理的。然而这些冲突具有典型的不平等性。一方面是相对无力的受压迫者，尽管无法预知其后果，但他们将身份政治用于他们的事业仍是不可以被理解的。而另一方面是已然强有力的国家，其动员具有共同价值观的利益群体的动机在于，为了自身利益，以牺牲他人利益为代价延伸其操控世界事务的能力。运用国际社会规则的目的是防范冒险行为，尤其是制约战争及战争行为的发生。通过改朝换代平衡权力，政治家已把这种限制视为普遍地服务于国家为其民众实现共有的和平生活的目的，而且民众也因此将其视为公民所应享有的利益。他们自己不会预防战争，战争也不会展现权力争斗。然而他们确实在某种程度上成功地揭示了战争为何物并且成功吸引可共用的标准来判断它们是否正义，是否光荣地进行战斗。为了和平，角色政治寻求保护这样一个系统，以防它在其范围内被一方面太偏激另一方面太野心勃勃的民族事业所侵蚀。但是，它是否能够在任何特殊的权力关系模式中这样做，是一个现实而非理论问题。

回归角色

在拒绝身份政治方面，世界主义是正确无误的，因为在身份政治中，国家旨在创建一个区别于有共有民族目标的所谓"强力社会"。但是我认为这样做是错误的，因为它不仅通过特定身份群体的成员，而且本质上是通过人类来探测全部共有的目标。在这方面，世界主义并不是与身份政治完全不同的。它也在我们是谁的问题中找到了我们应该做什么的根源，而不像在角色政治中询问的我们是什么。而且它也通过试图设置一些我们能够认可并力图实现，作为人类独一无二的价值观来这样做。在其他因素中，被预示的

147

是，这对人类来说是好事，能够通过实现这些价值观来达到目标，而且好的男人或女人是实现这些价值观的力量。

角色政治不做这种假设。它仅仅假设在我们的生活中，我们表演各种角色，每一种角色都有自己的表演准则，为了维系它们，我们要对那些角色与我们相关的人负责。在这个过程中不包含全面良好的概念，而仅包括关于特定角色的良好概念。一个好男人和一个好女人的定义高于并超越了其出色表演角色的范畴，而是一个人对自己的发现，这一定义的界定是一个问题而且不能在角色政治的道德框架中得以回答。但是所有框架都是与道德有关的。不是所有的角色都是这样，很好的表演确实有助于过上好的生活，因为调节角色表演的标准不仅是技术功效，还包括对社会期望的顺应。确实，正是那些角色与我们的交互作用，这些标准才能够被确定。那么，存在这样一种意义，在其中，角色政治预先假定的道德规范是以职业道德规范为基础——也就是特定的职业性道德规范，当然，尽管不只是职业——而不是说职业道德规范是在某种综合性的道德价值观的基础上形成的。而且，正如不同角色要求不同的品德，例如，一个士兵需要勇气和骑士精神，父母需要亲近和关怀子女，所以这个道德框架为大多数价值观留下了余地，在达到美好生活方面，一些价值观没有任何必要优先于其他价值观。

在开始时我提出，角色政治本质上是一个关于人们如何参与政治的经典概念。它源自希腊的市民模式，成形于罗马人关于这一身份完全独立于群体认同的主张。因此，西塞罗在其《论共和》一书中把政治联合定义为"普遍的正义感和利益共同体的联合"①，在其中，普遍的正义感是明显的，相信一个共有的正义系统能够为他们的社会生活带来秩序，而利益共同体则源自于在同一领域内和谐相 *148*

---

① 西塞罗：《论共和》（Cicero, *De republica*, many translations, Ⅰ25）。

处的需要。符合这一概念的行动是对公民的要求。西塞罗主张，正义是"所有美德里面最光彩、最壮丽的一个"①，他将其视为一种美德，这种美德主要在我们与其他人一样同为公民的公共角色上显示出来。然而，这种美德也在正当的战争行为上显示出来，西塞罗强调，对一个承担军事角色的人来讲，"存在一些特殊的战争法则"，必须严格予以遵守，因为正当的原因所以必须这样做，即为国家效忠。②③

而西塞罗的实践责任概念在极大程度上植根于角色行为上，他的思想源于人类的理性，源自世界主义，归功于斯多葛学派哲学家的影响，并且总是对帝国主义者产生较大吸引力，例如罗马帝国或其他。然而，它是可分离的而且最好分开，这是他的主张的特点。很久以后，马基雅维利在《君主论》中含蓄地批评了西塞罗，而这个特点正是他攻击的对象，他否认在统治者的美德中存在任何独立的资源。④ 而马基雅维利不能把角色的道德要求区别于纯粹的角色的技术要求，他被迫接受这样一个观点：道德独立于角色行为，并且因此把它与促进国家利益的政治实践进行对比，就像世界正义者一样。也就是说，很明显，一个角色政治的经典概念，提供了在西方思想界作为形成重要传统的道德标准，并在环境需要它时在数个世纪中得以应用。

我们可能容易把身份政治的侵入追溯到圣·奥古斯丁对西塞罗政治社会观点的批判。代替西塞罗在罗马共和国所认识到的利益社会和共有的正义系统，奥古斯丁被罗马共和国的文化多样性所打动："他们的人性的所有相似之处在于没有什么能把他们联合为团

---

① 西塞罗：《论义务》（Cicero, *The Offices*, many translations, Ⅰ7）。

② Ibid., Ⅰ11.

③ Ibid., Ⅰ22.

④ 参见昆廷·斯金纳：《马基雅维利》（Quentin Skinner, *Machiavelli*, Oxford: Oxford University Press, 2000, ch. 2）。

体。所以现实中，一个人可能更珍视他的作为伙伴的狗，而不是一个陌生人。"① 奥古斯丁认为："共和国永远不会存在，因为社会中永远没有真正的正义。"② 真正的正义只有在基督徒构成的社会中才能被发现，因为"正义在上帝那里被发现，至高无上的上帝依其仁慈统治一个顺奉之城"③。因此，奥古斯丁认为不可能存在一个正义系统，在那里社会事务能够被管理，而不涉及社会成员的宗教或其他文化属性。然而，人们或者社会在某种意义上能够被区别，所以，罗马国家按照比西塞罗更似是而非的定义，在某种程度上说必然是一个共同体。④ 正如我们前面看到的，奥古斯丁提供的这个"更似是而非的定义"是："通过一个他们爱的目标的共同协议，一个人与许多理性的人联合在一起。"⑤ 这是一个身份政治的清楚的措辞：人们进入已经被他们的道德价值观所区分的政治领域，在这条道路上，政治可能能够适应但永不能克服不同种群的内在分歧。

我认为，在现代社会，宗教关系的身份政治导致了三十年战争及其所有惨剧。《威斯特伐利亚和约》和由它所开始的现代国家体系代表了一种对更为古典的政治干涉模式的回归，其结果是，发动战争的模式变为保护国家利益而不是为了广泛的宗教或道德目的。简而言之，我们回归到了角色政治，作为一种反应并防备不受阻碍的身份政治可能产生的破坏性后果。

根据海德勒·布尔的观点，威斯特伐利亚体系使国际关系的法规从一个单纯的系统转变为一个社会成为可能。⑥ 他认为，这样一

---

① 圣·奥古斯丁：《上帝之城》（St Augustine, *The City of God*, many translations, ⅩⅨ 7）。

② Ibid., Ⅱ 21.

③ Ibid., ⅩⅨ 23.

④ Ibid., Ⅱ 21.

⑤ Ibid., ⅩⅨ 24.

⑥ 海德勒·布尔：《无政府社会》（Hedley Bull, *The Anarchical Society*, Houndmills: Macmillan, 1977, chs 1-2）。

个社会适合保护国家系统，保护国家的独立和主权，保护国家间的和平和涵盖个人安全和财富的社会生活的目标，并且信守承诺和协议，这些都是国家寻求达成的目标。能够实现这些目标的途径是实施惯例性规则和规范国家间关系的正式规则及内部行为。当这主要针对国际法时，实际上，政治家的行为被决定他们国际角色的要求所制约。人们之间的关系形式使他们能够会谈和协商关于影响他们所代表的国家利益的事情成为可能。没有普遍认可的规则，这种会议不可能进行。随着相互谈判的时间的推移，那些提炼出的规则赋予国际社会独特的形式，并因此在其范围内形成政治家的角色。

150　　近几十年来，《联合国宪章》和联合国的各种正式声明已经把那些赋予政治家角色内容的很多规则编辑成法典。一个相对较小的例子能够说明这个角色不考虑身份维度的方式。《联合国解除种族歧视公约》规定："人类之间因为种族、肤色或种族起源问题而产生的歧视是民族间友好与和平关系的障碍。"[①] 这句话清楚地呈现出，不同的国家被不同的种族群体占据，因此，在国际社会中，他们的领导者将必须处理群体成员而不是他们自己的事务。如果这些领导者采取种族主义者的态度对待彼此，那么良好关系将不可能达成。如果他们都带着厌恶和轻蔑的情绪共处，那么他们就不可能运用国际社会所要求的友好话语相互协商。然而，不仅是政治领导人的个人态度，他们在其国家范围内所采用的政策，也能决定他们是否能够以一种有益于建立国家间友好关系的方式相互影响。像南非这类实行种族隔离政策的国家之所以成为社会的弃儿，原因在于它导致了国际外交问题，即极度麻木不仁的白人领导者在其他国家被忽视。因此，正是国际社会需要至少有一个非歧视的共识来面对其

---

①　人权理事会：《国际法中的人权》（Directorate of Human Rights, *Human Rights in International Law*, Strasbourg: Council of Europe, 1985, p. 55）。

他国家占统治地位的少数族群。这就强迫政治家必须代表所有民众，而不是只代表他自身的那些身份群体。

我前面提到过，例如担心流亡者因为种族等问题而受到迫害从而协商流亡者的身份，即使是这种条款，我认为，也应当根据国际社会所要求的环境，特别是那些需要使政治家角色发挥效用的环境而做出解释。这样的要求不是源自可能被广泛共享的思想，而是源自人们所发现的对履行角色必要的思想，这种角色就是与具有不同价值观的人交往。我认为，这能够被概括为所有道德角色的要求：他们的道德力量独立于任何把他们连接到现实性的其他价值观。

引发相反观点的是 18 世纪末启蒙运动的影响，特别是康德的思想，它预示着国际正义的复苏。这本质上是一个进步学说，旨在质疑公认的角色和它们所包含的特定责任。康德声称，从我们只要把握自由就能够逃脱现实，到为了我们自己考虑，仅仅接受这些责任是一个"自己招致的不成熟状态"（self-incurred immaturity）① 的迹象。康德同意，在"特定的民事职位或职务"中，一个人必须完全遵照它的规则，而不应当停止对这个规则是否被良好地创立的质疑，这是一个担当这个职务的理性的人应当思考的。他认为，即使是一个牧师，也能够释放"他自己"来批判被他宣讲的教义，就像"一个教会的仆人"② 一样。康德坚持认为，一切都需要被质疑，这是对理性的运用。当然，正如康德的批评者所说，至少是从黑格尔就已开始指出，问题在于只有理性似乎不能为构成我们的角色道德要求提供可供选择的坚实的方法。一个角色相比另一个角色来说可

151

---

① 伊曼努尔·康德：《问题的一个答案："什么是启蒙运动?"》，见《康德政治著作选》（Immanuel Kant，'An Answer to the Question："What is Enlightenment?"'，in H. Reiss（ed.），*Kant's Political Writings*，Cambridge：Cambridge University Press，1970，p. 54）。

② Ibid.，p. 57.

能对我们有不同的要求，并且预防我们把两者完全等同起来，但置身所有角色之外去质疑它们是完全不同的一件事情。

康德把对牧师做"他自己的批评"和"作为学者"① 的批评等同起来可能不是偶然的。然而学者是一个有其自己要求的角色，正如康德和其他很多哲学家一样，恐怕假设存在一个社会上未被污染的理性著作的展示也不是偶然的。假设，正是因为拥有幻想，对角色的道德规范的批判才能够从它本身之外的道德标准处产生，而不是从敏感于它的特殊要求的立场产生。那么，国际正义的危险在于，它通过引入履行角色的标准腐蚀了角色政治，这些标准不是来自于角色拥有者自己真实的努力去应用角色本身所规定的标准。在这方面，国际正义并不好于把人们从跨文化角色要求中解放出来的身份政治。我认为，将两者都服从于假设的更高目标，其结果对和平并不利。

---

① 伊曼努尔·康德：《问题的一个答案："什么是启蒙运动?"》，见《康德政治著作选》（Immanuel Kant, 'An Answer to the Question: "What is Enlightenment?"', in H. Reiss（ed.）, *Kant's Political Writings*, Cambridge: Cambridge University Press, 1970, p. 57）。

索 引[*]

---

right in just war theory，正义战争
理论中的权利，15，17，34，
39，71－72，74，75－76，136－
137

interests，利益

collective，集体的，81

common，共同的，144，147－148

conflicts of，利益冲突，74，138－
139

group as national，国家利益，民
族利益，51－52

just accommodation of different，
不同利益群体间正确的迁就融
合，129－131，138－139

sacrificing for larger ends，为长远
目标牺牲利益，40

sectional，局部的，地区的，38

International Criminal Court，国际法
庭，123

international justice，国际审判，
122－126

international law，国际法，5，88－
89，149

and defensive just war theory，自
卫的正义战争理论，16

or domestic law，国内法，123－
124

enforcing，执行国际法，119，121

forbids displacement of civilian，禁
止迁移人口

population during internal,
conflicts，在内部冲突时，96

norms of，标准，106－107，146

and punitive war，惩罚性战争，45

international relations，norms，国际
关系，标准，11－12，13－14

international society，国际社会

conditions of membership，成员条
件，103－104，150

place of political leaders in，政治领
导人的处境，30－31，123，149

versus cosmopolis，国际都市，
103－107

intervention，干涉，26，97，103

cosmopolitan position，世界主义
者的立场，108－109，111－112，
115－116

effect of state's denial of authority
for，因干涉而导致国家权威被
否定的影响，110－111

ethics of，道德标准，41

humanitarian，人道主义，107－
117，120，141

justification in new wars，新式战
争中干涉的正当理由，105－
107，137－138

statist position，国家主义者的立
场，108，109－110，112－115，
116－117

US military，美国的军事干涉，6

见"反恐战争"

non-combatants，immunity，非 战 斗
人员，豁免，93-96

see also civilians，也可参见"平民"

non-intervention，principle of，非干
涉，原则，103-104，112-113

norms，准则

of international relations，国际关
系，11-12，13-14

transcultural，跨文化的，13-14，
151

Nuremberg Trials，Nazism and，纽
伦堡审讯，纳粹主义，123，124-
125

obligations，责任，义务

national，国家的，民族的，52-55

political，政治的，52

special to fellow citizens，家庭成
员的特定义务，54-55，143-
145

old wars，旧式战争，1-3

conduct，行为，2-3

and roles，角色，11-12

of secession，分离，38-39

oppression，镇压，压迫

aimed at assimilation，旨在同化，
36，56

aimed at exclusion，旨 在 排 斥，
36，56，144

degrees which justify armed re-
sponse，以武力为反应的合理程
度，36-38

justification of claims of，认为是正
当，40

selective，选择性的，31-34，141

organised violence，by political units，
有 组 织 的 暴 力，通 过 政 治 单 位，
29-30

Ottoman Empire，土耳其帝国，119

Christian subjects of the，基督教
国民，41

pacifism，和平主义，86

Pakistan，巴基斯坦，19

Palestine，Israeli occupation，巴勒斯
坦，以色列占领，39

Pan-Islamism，泛 伊 斯 兰，41 - 42，
61，81，119-120，146

partition，分裂，7，19，139

patriotism，爱国主义，79

peace，和平

and amnesty，特赦，126-131

just，正义的，134-141

maintenance of，维持，104-105

restoration of，重 建，15，16，
17，134-152

and security，安 全，107，117 -
122，134

see also crime against peace；settle-

responsibilities，责任，3

right of self-defence，自卫权，24-46

treatment of rebels，对待反叛者，97

war over territory between，跨领土战争，1，6

Westphalian system of sovereign-states，由主权国家构成的威斯特伐利亚体系，13，17，103-104，107，149

see also established states；weak states，也见"已定国家"和"虚弱国家"

statesmen *see* charismatic leaders；political leaders，政治家，参见"魅力领导者"和"政治领袖"

statism，objection to intervention，中央集权主义，国家主义反对干涉，108，109-110，112-115，116-117

Stephen，Sir James Fitzjames，詹姆斯·菲茨章·斯蒂芬爵士，128

Stoics，斯多葛学派哲学家，148

sub-state actors，次国家行为体

and authority to wage war，发动战争权，26-31

policy of political assassination，政治暗杀，94

and proportionality，均衡性，90-92

self-defence，自卫，39-42，77

state's response to，国家反应，42-46，117-122

subversion，颠覆，25

success，fair hope of，成功，良好希望，15

suffering，relative degrees of，受难，相对的程度，90，93

surveillance techniques，监视技术，5

symbolic process，of truth commissions，象征性进程，犯罪事实，130-131

symbols，attacks on identity，象征，攻击身份，91-92

tactics，战略，策略

prohibited，限制性的，90-91

proportionality of，均衡，88-89

suicidal attack，自杀式进攻，41

terrorism as，恐怖主义，98

Taliban，塔利班，101

territory，领土

defence of，捍卫领土，5，15，24-25

exclusive occupation of，独占，80

legitimacy of right to，权利的合法性，95-96

war between states over，国家间战争，1

译后记

　　《新恐怖与新战争》系英国赫尔大学的保罗·吉尔伯特教授2003年出版的专著。吉尔伯特教授长期从道德哲学的角度研究现代社会的战争问题。面对国际上一波又一波的恐怖袭击，作为一位学者，如何从哲学角度解读这种世界范围内的冲突现象，从伦理学出发探究"9·11"等恐怖事件对世界产生的重要影响，吉尔伯特教授作出了有益尝试。本书反映了作者在"9·11"事件之后研究战争伦理的学术成果，主要探讨了以下几个问题：如何从伦理学的角度看待"9·11"事件及其影响、怎样理解新式战争源于"身份政治"、何种追求政治目的的武装力量是正义的、传统的"正义战争理论"能否解释和调停当代的冲突、如何打击恐怖主义、如何运用外部干涉和战犯审判促进和平、如何使国际秩序既尊重文化差异又促进和平。《新恐怖与新战争》开篇首先从人类战争发展史的角度区分了"旧式"与"新式"战争，并对书中一些基础性概念进行了界定和诠释。承接第一章，作者在随后两章进一步向读者介绍了旧式战争与新式战争中自卫权与政治身份所体现出的不同涵义。其后，作者在第四章、第五章、第六章按照新式战争产生、发展、结束的时间序列，着重论述了新式战争爆发的情感根源、新式战争进行过程中的战争行为特点以及对战争错误的纠正，力图将恐怖主义背景下的新式战争通衢展现。在最后一章，作者着力回答了三个问题，即"如何结束新式战争，如何解决新式战争引发的冲突，如何缔造一种不再可能爆发新式战争的环境"，以期为当代人类走出"新恐怖、新战争"的困境设计一条可行通路。

吉尔伯特教授在军事伦理学方面有着长期的钻研，《新恐怖与新战争》体现出了他开阔的研究视野、精到的分析视角和深厚的理论功底，他的旁征博引和对时事的敏锐洞察使本书增色不少，但另一方面也使本书的翻译工作遇到很大挑战。我们坚持"信为先"的原则，力求在忠实原文原意的基础上实现"达"与"雅"。经过一年多的艰苦努力，终于完成了本书的翻译工作。但由于译者水平有限，错讹之处在所难免，敬请读者和专家批评指正。

最后，感谢中国人民大学哲学院的李茂森老师的指导；感谢中国人民大学马克思主义学院 2007 级思想政治教育专业硕士生罗媛媛同学，她为本书的文字校对付出了辛勤的劳动。

译者

2009 年 6 月 28 日

New Terror，New Wars by Paul Gilbert

ISBN：0-7486-1614-4(paperback)

© Paul Gilbert，2003

All rights reserved.

Simplified Chinese Version © 2009 by China Renmin University
Press

　　本书中文简体字版由 Edinburgh University Press Ltd 授权中国
人民大学出版社在中国境内独家出版发行。未经许可,不得翻印。

图书在版编目（CIP）数据

新恐怖与新战争/〔英〕保罗·吉尔伯特著；王易，傅强，刘鑫铭译.
北京：中国人民大学出版社，2010
（政治哲学丛书）
ISBN 978-7-300-12535-0

Ⅰ.①新…
Ⅱ.①吉…②王…③傅…④刘…
Ⅲ.①军事-伦理学-研究
Ⅳ.①E0-059

中国版本图书馆 CIP 数据核字（2010）第 144756 号

政治哲学丛书
新恐怖与新战争
〔英〕保罗·吉尔伯特（Paul Gilbert） 著
王 易 傅 强 刘鑫铭 译
Xin Kongbu yu Xin Zhanzheng

出版发行	中国人民大学出版社		
社 址	北京中关村大街 31 号	**邮政编码**	100080
电 话	010 - 62511242（总编室）	010 - 62511398（质管部）	
	010 - 82501766（邮购部）	010 - 62514148（门市部）	
	010 - 62515195（发行公司）	010 - 62515275（盗版举报）	
网 址	http：//www. crup. com. cn		
	http：//www. ttrnet. com（人大教研网）		
经 销	新华书店		
印 刷	北京山润国际印务有限公司		
规 格	150 mm×230 mm 16 开本	**版 次**	2010 年 10 月第 1 版
印 张	13 插页 2	**印 次**	2010 年 10 月第 1 次印刷
字 数	163 000	**定 价**	28.00 元